westermann

BAUSTEINE

Übungsheft

Erarbeitet von
Björn Bauch, Kirchzarten
Ulrike Dirzus, Iserlohn
Gabriele Hinze, Metelen
Alexandra Isack, Frankfurt
Kerstin Riesberg, Wallenhorst
Romina Stevens, Bramsche

3

Inhalt

Kompetenzen der Seite

SB – Sprachbuch
– interaktive Übungen

Diese Zeichen findest du in deinem Übungsheft

Überlege, ob du diese Arbeit in deinem Portfolio sammeln willst.

Das sind die Übungswörter des Kapitels.

In den Merkkästen werden die Fachbegriffe erklärt.

Nutze dein Heft, um die Aufgabe zu lösen.

Zusatztexte erkennst du auch an dieser Farbe.

Aufgaben

1 abschreiben, wiedergeben und ausführen

1 anwenden, nachdenken und üben

1 weiterdenken, forschen und begründen

1 Auswahlaufgabe

1 Diese Aufgabe kannst du mit einem Partnerkind bearbeiten.

1 Gruppenaufgabe

Rechtschreibstrategien

Wörter in Silben schwingen und deutlich sprechen

Wörter verlängern

Wörter ableiten

Nomen großschreiben

Merken

Mit Wortbausteinen arbeiten

Länge des Selbstlautes prüfen

Wortarten unterscheiden

1 Male die Felder in den vorgegebenen Farben aus.
Nomen: blau Verben: rot Adjektive: grün

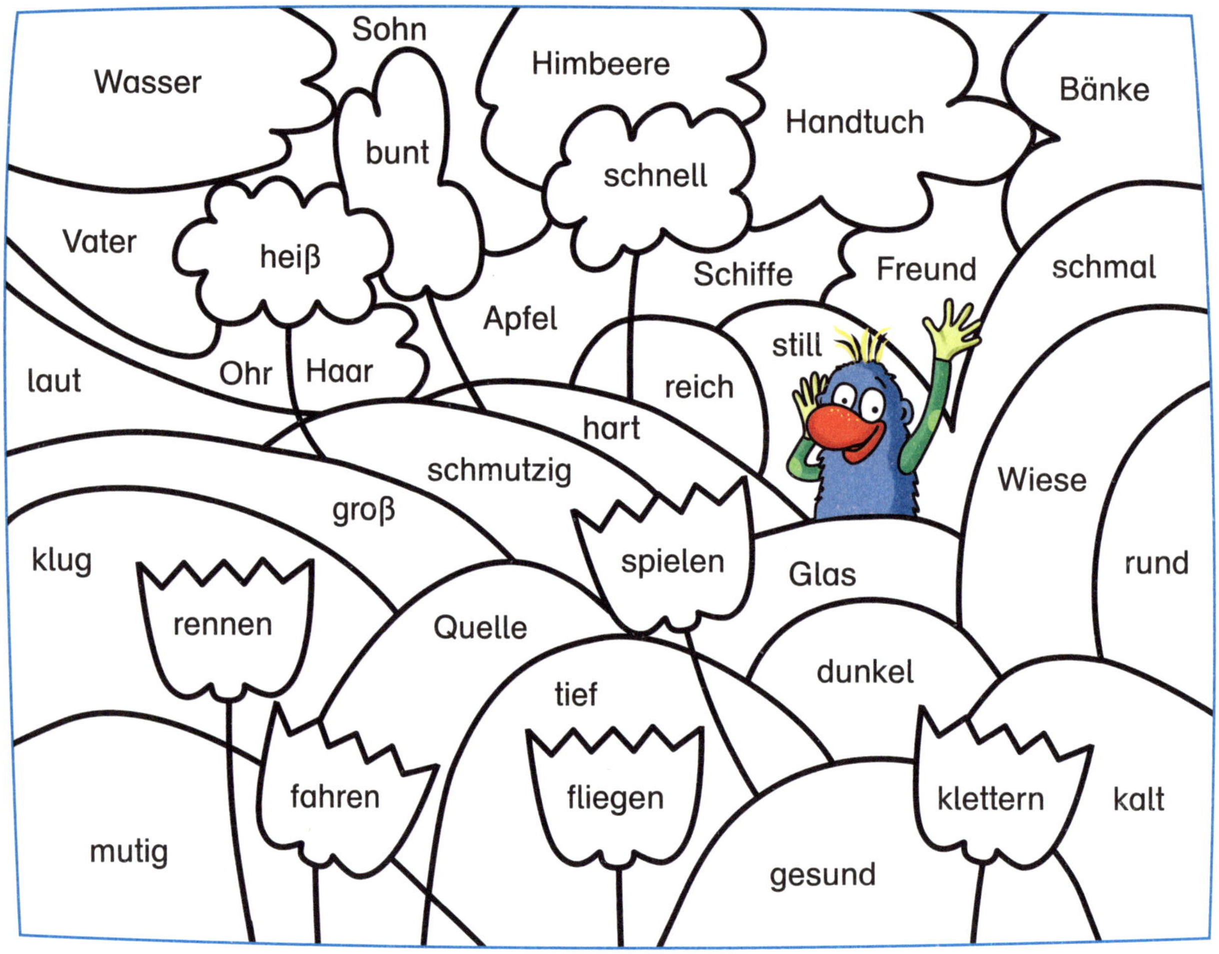

2 Welche Aussage passt zu welcher Wortart? Male sie aus.
Nomen: blau Verben: rot Adjektive: grün

- Wörter für Menschen, Tiere, Pflanzen und Dinge gehören zu dieser Wortart.
- Die Wörter dieser Wortart haben immer eine Grundform.
- Die Wörter dieser Wortart kann man oft steigern.
- Die Wörter dieser Wortart können sagen, was jemand tut.
- Von diesen Wörtern kannst du oft die Mehrzahl bilden.
- Die Wörter dieser Wortart sagen, wie etwas ist.

· Wortarten kennen, Wörter zuordnen
· Fachbegriffe kennen und verwenden

SB: Seite 6

Rechtschreibstrategien kennen und anwenden

1 Was gehört zusammen? Male es mit derselben Farbe an.

Silben	Wörter in Silben schwingen und deutlich sprechen
⚡	Merkwörter
M	Wörter verlängern
↪	Nomen großschreiben
N↑	Wörter ableiten
◡	Mit Wortbausteinen arbeiten

abholen	vorrennen	verkleiden
älter	Bäume	Kämme
Nixe	Vater	haarig
Sieb	Zweig	gesund
Oma	Kuchen	Tulpe
Pinsel	spielen	rennen

2 Schreibe die passenden Strategiezeichen hinter die Wörter.

Wand ↪	Vase ◯	Gläser ◯	fallen ◯
Tank ◯	vorlesen ◯	Räume ◯	klug ◯
riechen ◯	Verlängerung ◯	Boot ◯	Känguru ◯
nachholen ◯	Pilotin ◯	Salat ◯	Sohn ◯

3 Trage passende Wörter aus dem Kasten in die Lücken ein.

richtig verlängern Rechtschreibtricks ableiten merken

Rechtschreibstrategien kann man auch __________ nennen.

Sie können uns helfen, Wörter __________ zu schreiben.

Ein ⚡ bedeutet, dass man das Wort __________ soll. Wenn du dieses Symbol ↪ siehst, musst du das Wort __________. Bei diesem Symbol M hat das Wort eine Stelle, die man sich einfach __________ muss.

· Fachbegriffe verwenden
· Rechtschreibstrategien nutzen

SB: Seite 7

Ein Protokoll schreiben

1 Lies das Gespräch. Welche Informationen gehören in ein Protokoll? Markiere.

2 Schreibe ein Protokoll für diesen Klassenrat.

Klassenratsprotokoll vom: ______

Teilnehmer/innen: Herr Madi, ______

Moderator/in: ______

Protokollant/in: ______

Thema: ______

Vereinbarung: ______

______

Unterschrift Protokollant/in: ______

3 Kreuze die richtigen Aussagen an. In einem Protokoll steht …

- ○ …, wer das Protokoll geschrieben hat.
- ○ …, wer während der Sitzung auf der Toilette war.
- ○ … das Thema der Klassenratssitzung.
- ○ … die Unterschrift der Eltern.

· funktionsgerecht schreiben
· Textmuster anwenden

SB: Seite 10–11

Nomen kennen

> Es gibt Nomen, die keine Menschen, Tiere, Pflanzen oder Dinge sind.
> Sie bennen zum Beispiel auch Gefühle: die Liebe, der Hunger, ...
> Nomen schreibt man groß. Sie haben einen Artikel (Begleiter).

1 In jeder Zeile ist ein Nomen. Markiere und schreibe auf.

T	A	B	E	N	T	E	U	E	R	Q	Z	B	P	Abenteuer
S	G	H	I	M	R	D	K	L	I	E	B	E	Y	
O	Q	F	E	R	I	E	N	P	R	L	E	W	W	
M	Y	T	D	W	C	Q	L	H	U	N	G	E	R	
P	A	N	G	S	T	C	O	F	Y	Y	P	I	Z	
K	Q	B	F	R	E	U	D	E	V	E	Z	G	F	
G	L	Ü	C	K	X	I	U	B	A	S	K	T	E	
Q	P	E	Z	M	B	S	C	H	U	L	D	F	L	
P	A	U	S	E	Q	J	A	T	N	L	I	R	M	

2 Dario, Ole und Lea haben das Nomen-Abc gespielt.
Streiche die Wörter durch, die keine Nomen sind. Wer hat gewonnen?

Dario	Ole	Lea
Erwartung	Enttäuschung	Einfall
Elefant	Einzeln	Eile
Ehrlich	Esel	Eis
Eine	Ehre	Erdbeere
Erfahrung		einsam
Egal		
Punkte: ______	Punkte: ______	Punkte: ______

Gewonnen hat: ____________________

· grundlegende Begriffe kennen: Nomen
· Konkreta und Abstrakta kennenlernen
· Nomen großschreiben

SB: Seite 12

Bestimmte und unbestimmte Artikel verwenden

!

Nomen können **Artikel** (Begleiter) haben.
Es gibt **bestimmte Artikel:** der, die, das. Und es gibt **unbestimmte Artikel:** ein, eine.
Den bestimmten Artikel verwendest du, wenn du etwas ganz Bestimmtes meinst.

1 Schreibe die Nomen mit dem unbestimmten Artikel auf.

der Streit ✓	die Idee	der Vorschlag	das Geheimnis
der Konflikt	die Meinung	die Strafe	der Wunsch

der Streit – ein Streit, ______________________________

____

____

____

____

2 Setze die richtigen Artikel ein.

einen die ✓ die einen einem die der der ein ein der das einem

Alltagsheld auf vier Pfoten

Am Nachmittag scheint die Sonne und _____ Himmel ist klar.
Laurin liegt in seiner Hängematte. _____ Hängematte hat ihm sein Opa
geschenkt. Doch Laurin hat seit Monaten nur _____ Wunsch. Er träumt von
_____ eigenen Hund. In der Schule haben sie _____ Schulhund.
Er heißt Anton. _____ Hund genießt _____ Zuneigung der Kinder sehr.
Mit Anton ist _____ Unterricht viel ruhiger.
Außerdem ist er _____ guter Zuhörer und _____ toller Freund.
_____ Lernen macht mit _____ Hund einfach mehr Spaß!

· grundlegende Begriffe kennen: unbestimmter und bestimmter Artikel

SB: Seite 13

Adjektive kennen: Vergleichsstufen

Viele Adjektive haben **Vergleichsstufen**.
Sie verändern sich in der 1. und 2. Vergleichsstufe:

Grundstufe	1. Vergleichsstufe	2. Vergleichsstufe
klein	kleiner	am kleinsten

Manche Adjektive haben besondere Vergleichsstufen.
Diese muss man sich merken: gut – besser – am besten.

1 Male die Vergleichsstufen der Adjektive in der Farbe der Grundstufe an.

am billigsten · heiß · schlauer · billiger · frisch · mehr
schlau · am dünnsten · teuer · am meisten
am teuersten · heißer · dünn · frischer · am schlausten
billig · am frischsten · teurer · am heißesten · dünner · viel

2 Ergänze die Tabelle.

Grundstufe	1. Vergleichsstufe	2. Vergleichsstufe
schnell	schneller	
		am fleißigsten
sportlich		
	dicker	
		am besten

3 Was kannst du bei diesen Adjektiven entdecken? Vervollständige Quiesels Satz.

Grundstufe	1. Vergleichsstufe
dunkel	dunkler
edel	edler
sauer	saurer
teuer	teurer

Adjektive, die auf _______ oder _______ enden, verlieren meist das _______ in der 1. Vergleichsstufe.

Wortbausteine bei Nomen: -ung, -heit, -keit

Wörter mit den Wortbausteinen **-ung**, **-heit** und **-keit** sind Nomen.
Sie werden großgeschrieben: die Begeister**ung**, die Gesund**heit**, die Einsam**keit**

1 Schreibe die Nomen mit ihrem Artikel geordnet auf.

ERHOLUNG ✓ MÜDIGKEIT EINSAMKEIT BELOHNUNG
WARNUNG FREIHEIT NEUHEIT ÄHNLICHKEIT WAHRHEIT

-ung: die Erholung, ____

-heit: ____

-keit: ____

____

2 Streiche die Fehler durch.
Schreibe das Wort richtig auf.

Fledermäuse lieben die dunkelheit. ____

Die übung ist sehr schwer. ____

Mein Onkel achtet sehr auf sauberkeit. ____

Quiesel ist für seine frechheit bekannt. ____

Omas wohnung liegt in der Auenstraße. ____

Beim Sackhüpfen ist schnelligkeit wichtig. ____

3 Ergänze die Lücken.

Wörter mit den Wortbausteinen -ung, -heit und -keit sind ____.

Man schreibt sie ____.

Der bestimmte Artikel ist immer ____.

· grammatisches Wissen für Großschreibung nutzen: Nomen mit den Wortbausteinen -ung, -heit, -keit

SB: Seite 16

Satzanfänge großschreiben

1 Schreibe die Satzanfänge richtig auf.
Markiere den Großbuchstaben am Satzanfang.

ich
das
wann
heute

__________ Plakat kann man gut lesen.

__________ findet unser Klassenrat statt.

__________ wünsche mir eine neue Sitzordnung.

__________ haben wir Pause?

2 Setze hinter jeden Satz einen Punkt. Schreibe die Sätze richtig auf.
Achte auf die Großschreibung am Satzanfang.

wir wollen eine Lesenacht machen   jeder bringt sein Lieblingsbuch mit

manche Kinder reden immer dazwischen   das stört mich

3 Schreibe drei Sätze über deine Klasse.

Nomen mit -ung, -heit, -keit

1 Schreibe zu jedem Wort das passende Übungswort.

aufmerksam	die Aufmerksamkeit
beobachten	
fröhlich	
dankbar	
entschuldigen	
frei	
lösen	
schwierig	
dumm	
entfernen	
erklären	
vereinbaren	

Wörter mit -ung, -heit, -keit	
die	Aufmerksam**keit**
die	Beobacht**ung**
die	Dankbar**keit**
die	Dumm**heit**
die	Entfern**ung**
die	Entschuldig**ung**
die	Erklär**ung**
die	Frei**heit**
die	Fröhlich**keit**
die	Lös**ung**
die	Schwierig**keit**
die	Vereinbar**ung**

2 Setze diese kleinen Wörter in den Text ein:

aus für sehr unsere

Die Aufmerksamkeit im Klassenrat ist ______ groß.

Gemeinsam treffen wir viele Vereinbarungen

und finden Lösungen ______ Konflikte.

Unser Lehrer beobachtet den Klassenrat meist ______ der Entfernung.

Wir lieben ______ Klassenratsstunden!

- Arbeitstechniken nutzen
- methodisch sinnvoll abschreiben
- Wörter des Grundwortschatzes schreiben

SB: Seite 19

Adjektive kennen: Vergleichsstufen

1 Wähle eine Aufgabe aus.

a Markiere die Adjektive mit ihren Vergleichsstufen.

Der Apfel ist süß. Das Eis ist süßer. Die Zuckerwatte ist am süßesten.
Mein Papa ist alt. Sein Bruder ist älter. Mein Opa ist am ältesten.
Der schiefe Turm von Pisa ist hoch. Der Kölner Dom ist höher.
Der Eiffelturm in Paris ist am höchsten.

b Schreibe passende Sätze mit den Vergleichsstufen der Adjektive.

c Warum hat das Adjektiv leer keine Vergleichsstufen? Erkläre.

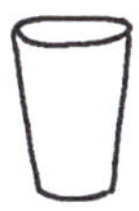

Ich kenne die Grundstufe und die Vergleichsstufen von Adjektiven.

Wortbausteine bei Nomen: -ung, -heit, -keit

1 Wähle eine Aufgabe aus.

a Schreibe die Wörter richtig auf. Markiere **-ung**, **-heit** und **-keit**.

Turnen ist gut für die ______ (GESUNDHEIT).

Eine ______ (ÜBUNG) am Reck bereitet mir jetzt keine große ______ (SCHWIERIGKEIT) mehr.

Vor einem Jahr habe ich an diesem Gerät zwar eine schlechte ______ (ERFAHRUNG) gemacht. Diese ______ (ERINNERUNG) ist jetzt aber nicht mehr in meinem Kopf. Zur ______ (SICHERHEIT) stellt sich meine Trainerin nun immer direkt neben das Reck.

b Schreibe zu jedem Buchstaben jeweils ein Wort mit **-ung**, **-heit** und **-keit**. Achte auf die Großschreibung am Wortanfang.

D die Drohung,

F ______

S ______

W ______

c Finde Wörter mit den Endungen **-nis** und **-schaft** im Wörterbuch und schreibe sie auf. Was stellst du fest?

______

______

Ich kenne Nomen mit besonderen Wortbausteinen.

- Nomen mit den Wortbausteinen -ung, -heit, -keit kennen
- eigenen Lernerfolg reflektieren

SB: Seite 21

1 Ordne die Adjektive ihrer Vergleichsstufe zu. Markiere in der richtigen Farbe.

Grundstufe

1.Vergleichsstufe

2. Vergleichsstufe

größer	am größten	groß
am besten	besser	gut
gesund	gesünder	am gesündesten
schärfer	scharf	am schärfsten

2 Schreibe passende Adjektive und ihre Vergleichsstufen in die Tabelle.

	Grundstufe	1. Vergleichsstufe	2. Vergleichsstufe

Rückmeldung: ____________________

3 Groß oder klein? Setze passende Buchstaben ein.

___esund ___rechheit ___auberkeit ___rzählen ___erbesserung

___unkel ___öglichkeit ___treiten ___rfahrung ___echnen ___chön

4 Verwende die Wörter in einem Satz.

MACHEN WANDERUNG WALD WIR ERHOLUNG

Rückmeldung: ____________________

· eigenen Lernerfolg überprüfen

Stichpunktkarten schreiben

1 Tim möchte einen Vortrag über den Fuchs halten.
Markiere die Informationen zum Aussehen und zum Lebensraum.

Der Fuchs

Der Fuchs lebt in dichten Wäldern und Heckenlandschaften. Man trifft ihn aber auch auf Grasland, Äckern und in Wohnsiedlungen. Das Tier ist scheu. Die Morgendämmerung ist die beste Zeit, um einen Fuchs zu beobachten.

Der Fuchs hat ein rotbraunes Fell und einen buschigen Schwanz. Das Fell an Schwanzspitze, Kehle und Bauch ist weiß. Seine Augen sind hellbraun. Mit seinen langen, spitzen Ohren hört er jedes Geräusch. Der Fuchs ist ein Allesfresser. Er ernährt sich von Mäusen, Kaninchen, Vögeln, Regenwürmern, Aas und Früchten. In Siedlungsgebieten sucht er nach Essensresten.

2 Schreibe jeweils eine Stichpunktkarte zu Aussehen und Lebensraum.

Nahrung
- ist ein Allesfresser
- Mäuse, Kaninchen, Vögel
- Regenwürmer, Aas, Früchte
- sucht nach Essensresten

Aussehen

______

______

______

______

______

______

Lebensraum

______

______

______

______

______

______

Checkliste: Stichpunktkarten schreiben

Meine Stichpunkte ...
- ◯ passen zum Thema.
- ◯ enthalten wichtige Informationen.
- ◯ bestehen aus einem oder wenigen Wörtern.

· Textmuster Stichpunktkarte kennen
· Informationen zu Oberbegriffen aus Texten sammeln und zusammenführen

SB: Seite 24–25

Pronomen kennen und verwenden

Ein **Pronomen** kann für ein Nomen stehen:
der Fuchs – er, die Maus – sie, das Kaninchen – es.
Zu den Pronomen gehören: ich, du, er/sie/es (Einzahl), wir, ihr, sie (Mehrzahl).

1 Setze passende Pronomen ein.

ich
du
er, sie, es
wir
ihr
sie

2 Markiere, welche Nomen du durch Pronomen ersetzen möchtest.
Schreibe die Pronomen über die Zeilen.

Der Förster betritt den Wald. Der Förster beobachtet die Tiere.

Die Eule fliegt über den Waldboden. Die Eule hört ein Geräusch.

Der Fuchs kommt abends aus seinem Bau. Der Fuchs hat Hunger.

Ein Kaninchen läuft über den Weg. Das Kaninchen stoppt.

· Fachbegriffe kennen: Pronomen
· sprachliche Operatoren kennen: ersetzen

SB: Seite 26

Verben kennen

> **!**
> Viele Verben sagen, was jemand tut oder was geschieht.
> Sie haben eine **Grundform** und **Personalformen**:
> springen – ich springe, du springst, er/sie/es springt, wir springen, ihr springt, sie springen
> regnen – es regnet

1 Setze die Verben in der richtigen Personalform ein.

Lola und Max ________________ (gehen) in den Wald.

Lola sagt: „Du ________________ (sammeln) bunte Blätter für den Unterricht.

Ich ________________ (suchen) Kiefernzapfen."

Heute ________________ (wehen) ein kräftiger Wind.

Er ________________ (fegen) die Blätter zu einem Haufen zusammen.

Schnell ________________ (legen) Max einige Blätter in seinen Korb.

Auf dem Rückweg ________________ (kommen) Lola und Max über eine Brücke.

Heute ________________ (fließen) das Wasser im Fluss stark.

Es ________________ (reißen) kleine Äste und Blätter mit.

2 Markiere die Verben im Text.

Ausflug in den Wald

Heute machen die Kinder einen Ausflug in den Wald.
Der Förster zeigt ihnen junge Bäume und deren Samen.
Gegen Mittag ziehen dichte Wolken über den Himmel.
Der Förster führt die Kinder zu einer Scheune.
Hier finden sie Schutz vor dem Wetter. Bald zuckt ein Blitz.
Der Donner folgt in wenigen Sekunden.
Dann regnet es.
Dicke Tropfen prasseln auf den Boden.
Aber die Kinder stehen geschützt und beobachten das Wetter.

· grundlegende Begriffe kennen: Verben, Grund-/Personalform, (Geschehensverben)

SB: Seite 27

Verben verwenden

Bei einigen Verben ändert sich in den Personalformen der Wortstamm. Die Personalformen stehen im Wörterbuch.

1 Welche Grundformen und Personalformen gehören jeweils zusammen? Schreibe sie geordnet auf.

treten ✓	sie wäscht	er misst	ich lese	du trittst ✓	waschen
du liest	messen	sie tritt	ihr wascht	lesen	du misst

treten, du trittst, ____________________

____

____

____

2 Ergänze die Tabelle mit den passenden Personalformen der Verben.

	essen	fangen	helfen
ich	esse		
du			
er, sie, es			
wir			
ihr			
sie			

3 Setze die Verben in der passenden Personalform ein.

Der Wind ____________ über das Feld. (blasen)

Bei diesem Sturm ____________ Ole nicht in den Wald. (dürfen)

Ein Ast ____________ vom Baum. (fallen)

Verschiedene und doppelte Mitlaute kennen

Endet die Silbe mit einem Mitlaut, ist die Silbe geschlossen.
Der Selbstlaut wird kurz gesprochen: Stun de.
Hört man an der Silbengrenze nur einen Mitlaut, muss man ihn verdoppeln: die Spin|ne.
Silbengrenze

1 Schreibe die Wörter mit Silbengrenze geordnet auf. Markiere wie im Beispiel.

Schnabel ✓ Rinde ✓ Krallen ✓ Kerbe rufen wetten
binden fassen Käfer Zapfen sammeln Faden

langer Selbstlaut offene Silbe	kurzer Selbstlaut gleiche Mitlaute an der Silbengrenze	kurzer Selbstlaut verschiedene Mitlaute an der Silbengrenze
Schna|bel	Kral|len	Rin|de

2 Schwinge und trage die fehlenden Mitlaute ein.

Was ist los auf den Wie____en und in den Wä____dern?

Die Maulwürfe bu____eln und schauen aus ihrem Hügel. Eichhörnchen kle____ern auf den Bäumen. Hasen ho____eln über den Weg. Spi____en spri____gen von Fa____en zu Fa____en. Kä____er kra____eln über das Gras. Frösche hü____fen in das Wa____er. Bienen sa____eln Honig.

3 Schreibe Reimwörter mit **tz** auf.

Mütze spritzen nutzen petzen kratzen

· Rechtschreibstrategien anwenden: Silben schwingen, Selbstlautlänge prüfen (Konsonantenfolge, Doppelkonsonanz, tz)

SB: Seite 29–30

Merkwörter mit chs kennen (M)

1 Markiere die Wörter mit **chs** im Rätsel. Schreibe sie auf.

E	I	S	F	U	C	H	S	M	R
U	E	I	D	E	C	H	S	E	U
G	E	W	Ä	C	H	S	E	W	K
T	S	E	C	H	S	R	V	N	L
S	E	E	L	A	C	H	S	F	S
A	O	C	H	S	E	N	Z	D	G
W	E	C	H	S	E	L	N	H	N
U	C	H	K	S	W	A	C	H	S
A	C	H	S	E	K	L	C	H	S

E i s f u c h s
_ _ _ _ _ _ _ _
_ _ _ _ _ _ _ _
_ _ _ _ _
_ _ _ _ _ _ _ _
_ _ _ _ _ _
_ _ _ _ _ _ _ _
_ _ _ _ _
_ _ _ _ _

2 Setze die Merkwörter mit **chs** in den Text ein.

Die Bienen liefern uns Honig und W a c h s.

Der _ _ _ _ _ _ _ _ ist ein Speisefisch.

Pflanzen nennt man auch _ _ _ _ _ _ _ _.

Der _ _ _ _ _ _ _ _ hat im Winter ein weißes Fell.

Früher zogen auch _ _ _ _ _ _ die Wagen mit der Ernte.

Die _ _ _ _ _ _ _ _ sonnt sich auf einer Mauer.

An der Kasse muss man häufig Geld _ _ _ _ _ _ _ _.

Die Räder des Wagens sind an einer _ _ _ _ _ angebracht.

In unserem Haus leben _ _ _ _ _ Kinder.

Wörter mit doppeltem Mitlaut und tz
Merkwörter mit chs

Wörter mit doppeltem Mitlaut und tz
füttern
klettern
krabbeln
nutzen
sammeln
die Spitze
die Tanne
Wörter mit chs
der Dachs
die Eidechse
der Fuchs
wachsen
wechseln

1 Schreibe die Übungswörter geordnet auf.

Wörter mit tz: ____________________

Wörter mit doppeltem Mitlaut: ____________________

____

____

2 Löse die Rätsel. Trage passende Übungswörter ein.

1 kleines Kriechtier
2 Käfer können …
3 Pflanzen können …
4 Tier mit rotbraunen Fell
5 anderes Wort für tauschen

Lösungswort: D _ _ _ _

3 Setze diese kleinen Wörter in den Text ein.

viel man jetzt nach im unter an

Im Herbst kann ______ im Wald ______ entdecken.
______ ist Erntezeit im Wald.
Beeren und Nüsse hängen ______ den Sträuchern.
Wildschweine suchen am Waldboden ______ Eicheln.
Eichhörnchen sammeln Früchte und verstecken sie ______
Baumwurzeln. So versorgt der Wald ______ Herbst seine Bewohner.

- Arbeitstechniken nutzen
- methodisch sinnvoll abschreiben
- Wörter des Grundwortschatzes schreiben

SB: Seite 33

Verben verwenden

1 Wähle eine Aufgabe aus.

a Welche drei Personalformen gehören zusammen? Schreibe sie geordnet auf.

sie isst ✓	ich fahre	wir essen ✓	er liest	sie fährt	es kann
ihr lest	du kannst	sie fahren	du isst	ich lese	ihr könnt

sie isst, wir essen, ____________________

____

____

____

b Trage die passende Personalform der Verben in den Lückentext ein.

Der Herbstwald

Im Herbst versorgt (versorgen) der Wald seine Bewohner.
Das Eichhörnchen __________ (laufen) durch den Wald und __________ (sammeln) Früchte. Einen Teil __________ (vergraben) es im Boden. Die Haselmaus __________ (fressen) sich im Herbst eine dicke Fettschicht an.
Beeren und Nüsse __________ (mögen) sie am liebsten.

c Vervollständige die Sätze.

Viele Verben sagen ____________________.

Verben haben eine Grundform und eine ____________________.

Bei einigen Verben __________ sich in der Personalform der ____________________.

Ich kann Verben in der passenden Personalform verwenden. ☺ 😐

- Personalformen (regelmäßige und unregelmäßige) kennen und verwenden
- eigenen Lernerfolg reflektieren

Verschiedene und doppelte Mitlaute

1 Wähle eine Aufgabe aus.

a Schreibe die Wörter mit Silbengrenze geordnet auf.

klettern ✓ knistern kommen kratzen Weste wissen Splitter spritzen

Gleiche Mitlaute an der Silbengrenze: klet|tern

Verschiedene Mitlaute an der Silbengrenze:

b Finde Wörter zu den doppelten Mitlauten.

ff

mm

rr

pp

c Vervollständige die Sätze.

Bei dem Wort **schüt|teln** endet die erste Silbe

mit einem ______. Die Silbe ist ______.

Der Selbstlaut klingt ______. An der Silbengrenze treffen sich

zwei ______ Mitlaute.

Bei dem Wort **nüt|zen** treffen sich an

der ______ zwei ______ Mitlaute.

Ich kann Wörter mit doppeltem Mitlaut richtig schreiben.

· Konsonantenfolge und Doppelkonsonanz (Rechtschreibstrategien kennen)
· eigenen Lernerfolg reflektieren

SB: Seite 35

1 Markiere die Verben. Schreibe sie auf.

öffnen wehen stark fällt laut hoch zuckt
leicht gibt regnet liest fest trifft

2 Setze die Verben in der passenden Personalform ein.

Ella ______ ihr neues Rad. (nehmen)

Sie ______ den schmalen Waldweg entlang. (fahren)

Plötzlich ______ etwas in ihren Korb. (fallen)

Ella ______ genau hin. (sehen)

Im Korb ______ eine schöne Kastanie. (liegen)

Rückmeldung: ______

3 Schreibe die Wörter auf. Markiere die Mitlaute, die sich an der Silbengrenze treffen.

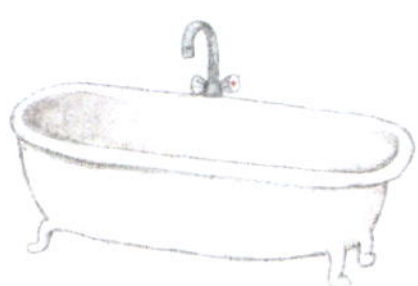

Rückmeldung: ______

· eigenen Lernerfolg überprüfen

Eine Geschichte aufbauen

Überschrift

Einleitung	Hauptteil	Schluss
- Wer? - Wann? - Wo?	- Was passiert? - Wie geht es weiter?	- Wie endet die Geschichte?

1 Lies den Text. Markiere Einleitung, Hauptteil und Schluss.

Samstags machte Merve häufig mit ihrem Schlaubimobil
einen kleinen Ausflug in die Stadt. An diesem Samstag
wollte sie nur ein bisschen durch die Straßen fahren,
aber dann kam ihr eine Idee. Sie wollte ihren Freund Ole besuchen.
Leider hatte sie bloß seine Adresse vergessen.
Wie könnte sie diese nur herausfinden? Da fiel ihr ein,
dass ihr neues Fahrgerät ja Schlaubimobil heißt.
Und ein Schlaubimobil weiß einfach alles. Also, drückte Merve den
Schlaubiknopf und schon wurde ihr Oles Adresse angezeigt.
Nun musste sie nur noch den Startknopf drücken und schwups,
setzte sich ihr Schlaubimobil in Bewegung. Schließlich kam Merve bei Ole an
und sie verbrachten noch einen schönen Nachmittag miteinander.

2 Wähle eine Überschrift für die Geschichte aus. Sie soll neugierig machen, aber nicht zu viel verraten. Trage sie oben ein.

Merve und Ole | Auf Knopfdruck schlau | Gefahr aus der Luft

3 Warum hast du dich für diese Überschrift entschieden? Begründe.
Ich habe mich für diese Überschrift entschieden, weil ...

· Texte planen: Kriterien von Einleitung, Hauptteil und Schluss kennen und nutzen

SB: Seite 38 – 39

Eine Geschichte überarbeiten

1 Lies die Geschichte.

Greta und Amelie x1

Am Montag entdeckt Greta ein tolles Buch über die Zeit im alten Ägypten.
Dort wird beschrieben, wie die Pyramiden damals gebaut. x2
Es wird auch erzählt, welche Schätze
in den Grabkammern der Pyramiden waren und
dass jede Pyramide Geheimgänge hatte.
Greta kann gar nicht aufhören zu lesen. x3 Greta wünscht sich,
sie hätte damals gelebt und eine Pyramide mitgeplant.
Plötzlich kommt ihr ein Gedanke. Ihre Freundin Amelie hat doch
ein Zeitmobil gebaut. Das könnte Greta sich vielleicht mal ausleihen
und ins alte Ägypten reisen. Hoffentlich ist Amelie einverstanden. x4
Als Greta wieder zurück von ihrer unglaublichen Zeitreise ist,
erzählt sie Amelie alles. Und als Dankeschön hat sie ihr
eine goldene Vase aus der Grabkammer des Pharaos mitgebracht.

2 Schreibe Verbesserungstipps zu den markierten Stellen auf.

x1: ______

x2: ______

x3: ______

x4: ______

______

3 Schreibe die Geschichte verbessert auf.

Checkliste: Eine Geschichte aufbauen

- ◯ passende Überschrift
- ◯ Einleitung: Wer? Wann? Wo?
- ◯ Hauptteil: Was passiert? Wie geht es weiter?
- ◯ Schluss: Wie endet die Geschichte?

· Text überprüfen
· Überarbeitung umsetzen

SB: Seite 40 – 41

Gegenwart und einfache Vergangenheit kennen

Verben können in verschiedenen **Zeitformen** stehen:

Gegenwart (Präsens)	einfache Vergangenheit (Präteritum)
ich schaue	ich schaute
er stellt	er stellte

1 Ordne die Verbformen zu. Male sie in derselben Farbe an.

ich winke | ich hupe | ich brumme | ich frage | ich zeige

ich hupte | ich fragte | ich zeigte | ich winkte | ich brummte

2 Ergänze in der Tabelle jeweils die fehlende Zeitform der Verben.

Gegenwart	einfache Vergangenheit
er sagt	
sie erklärt	
	ich machte
	wir kauften

3 Schreibe die Sätze in der einfachen Vergangenheit auf. Markiere das Verb.

Ich besuche die Erfinderausstellung.

Ich

Am Eingang zeigt Laurin seinen Flügelranzen.

Tim und Ella staunen über die Erfindungen.

· grundlegende Begriffe kennen: Verben in verschiedenen Zeitformen
· Präsens und Präteritum kennen und bilden

SB: Seite 42–43

Gegenwart und einfache Vergangenheit kennen

Einige Verben verändern in der einfachen Vergangenheit ihren Wortstamm: wir rufen – wir riefen, ich sehe – ich sah.

1 Ordne die Verbformen zu. Male sie in derselben Farbe an.

ich fahre	ich schleiche	ich laufe	ich bringe	ich nehme
ich lief	ich brachte	ich fuhr	ich schlich	ich nahm

2 Schlage im Wörterbuch nach und ergänze die Tabelle.

Gegenwart	Grundform	Seite	einfache Vergangenheit
er gibt	geben		er gab
sie schlägt			
ihr esst			
es klingt			
ich finde			
du rennst			

3 Unterstreiche die Verben im Text.
Schreibe den Text in der einfachen Vergangenheit auf.

Unterwegs mit dem Greifikopter
Emil fliegt mit seinem Greifikopter über den See.
Auf einmal sieht er einen Mann mitten im Wasser.
Der Mann schlägt wild mit den Armen hin und her.
Sofort erkennt Emil die Gefahr. Er packt den Mann
mit den Armen seines Greifikopters
und bringt ihn zum Ufer.

- Präsens und Präteritum bei unregelmäßigen Verben (Wortstammänderung erkennen)
- Rechtschreibhilfe nutzen (nachschlagen)

SB: Seite 42–43

Verben verlängern

Du kannst Verben verlängern, indem du die Grundform bildest.

1 Welche Grundform hilft dir, die Verben richtig zu schreiben?

fliegen   geben   schweben ✓   winken

Ella **schwe b/p t** mit ihrem Fluggerät am Himmel. schweben

Arian **flie g/k t** auf seinem Flugteppich. ____

Amelie **gi b/p t** Greta ihr Zeitmobil. ____

Emil **win g/k t** seinem Freund zu. ____

2 Welcher Buchstabe ist richtig? Ergänze die Grundform der Verben.

er lo b/p t loben

sie trä g/k t ____

ihr lü g/k t ____

er he b/p t ____

sie sä g/k t ____

es stin g/k t ____

3 Ergänze die fehlenden Buchstaben.

Anton lie_b_t sein neues Fluggerät Turbometer. Es brin__t ihn in Windeseile in die ganze Welt. Er len__t es mit einem besonderen Lenkrad. Beim Flug trä__t Anton Spezialkleidung, die die ganze Zeit über blin__t. Sein Freund Ali fra__t ihn, ob er es sich mal ausleihen kann. Aber Anton gi__t Turbometer nicht ab und sa__t: „Das geht leider nicht. Turbometer flie__t nur mit Leuten, die er gut kennt. Er krie__t sonst Motorstörungen und hu__t die ganze Zeit.“

· Rechtschreibstrategie anwenden: Verben verlängern

SB: Seite 44

Nomen und Adjektive verlängern

Überlege, aus welchen Wörtern das zusammengesetzte Nomen gebildet wird. Verlängere das erste Wort.

1 Welches Wort hilft dir,
das zusammengesetzte Nomen richtig zu schreiben?

Banken Zwerge Länder Lichter Flüge Wälder ✓

Wal d wanderung	Wälder	Ban__gebäude	
Zwer__kaninchen		Lich__schein	
Flu__richtung		Lan__schaft	

2 Welche Verlängerung hilft dir, das Wort richtig zu schreiben?

Opas Auto ist schon al d/t. alte

Merves Schlaubimobil ist sehr klu g/k.

Anton ist trauri g/k.

Der Sitz ist unbequem und har d/t.

3 Markiere die sechs falsch geschriebenen Wörter.
Schreibe die Wörter richtig und mit einer Verlängerung auf.

Auf der Erfindermesse ist es heute sehr laud. Die neuen Flukzeuge machen sehr viel Krach. Gerade fliegt ein neuer Hubschrauber über die Wiese. Er ist knallrod. Auch Pauls Fluggerät ist rechtzeitik zur Erfindermesse fertig geworden. Sein Motor ist sehr kräftik. Man hört ihn auch hinter den Berkgipfeln.

lauter – laut,

Wörter mit -b/-p, -d/-t, -g/-k

1 Wie kannst du diese Übungswörter verlängern?

der Berggipfel ✓ das Flugzeug die Kraft kräftig
das Land riesig stark der Wald wild

Berge – der Berggipfel,

______

______

______

______

______

Wörter mit -b/-p, -d/-t, -g/-k
der Berggipfel
biegen
fliegen
das Flugzeug
die Kraft
kräftig
das Land
riesig
stark
der Wald
wild
witzig

2 Setze passende Übungswörter ein.

Ella und Oskar ______ mit ihren neuen ______ um die Wette. Oskars Staubikopter ist zwar ______ groß, aber Ellas Flugzeug hat eindeutig mehr ______. Deshalb kann sie Oskar schnell überholen. Dabei hupt Ella ganz laut. Dann ______ sie schnell nach links ab. Oskar findet das nicht ______.

3 Setze diese kleinen Wörter in den Text ein: von alles über sehr doch

Tim fliegt mit Flitziflitz ______ einen Wald. Die Landschaft ist ______ schön ______ oben. ______ was ist das? Durch den Wind wackelt plötzlich ______ am Fluggerät.

· Arbeitstechniken nutzen
· methodisch sinnvoll abschreiben
· Wörter des Grundwortschatzes schreiben

SB: Seite 47

Gegenwart und einfache Vergangenheit kennen

1 Wähle eine Aufgabe aus.

a Male die Sätze, die zusammengehören, in derselben Farbe an.
Kreise die Verben in den Sätzen ein.

Gegenwart	Einfache Vergangenheit
Er landet seinen fliegenden Teppich.	Sie fotografierte ihr Zeitmobil.
Er repariert seinen Flügelranzen.	Sie suchte ihr Minifahrrad.
Sie fotografiert ihr Zeitmobil.	Er landete seinen fliegenden Teppich.
Sie sucht ihr Minifahrrad.	Er reparierte seinen Flügelranzen.

b Unterstreiche die Verben.
Schreibe die Sätze in der einfachen Vergangenheit auf.

Die Kinder bewundern die Fluggeräte.

Emil putzt seinen Greifikopter.

Am Samstag besuche ich die Erfindermesse.

c Suche mindestens vier Verben, bei denen sich der Wortstamm im Präteritum verändert.

ich gehe – ich ging,

Ich kann die Zeitformen Gegenwart und Vergangenheit bilden.

- grundlegende Begriffe kennen: Verben im Präsens und Präteritum
- eigenen Lernerfolg reflektieren

SB: Seite 48

Wörter verlängern

1 Wähle eine Aufgabe aus.

a Welche Personalform gehört zu welcher Grundform? Verbinde.
Trage den richtigen Buchstaben ein.

sie hin___t	er bie___t	sie le___t	er lie___t	er fra___t
lieben	biegen	fragen	hinken	leben

b Verlängere die Verben. Markiere den richtigen Buchstaben.

Oskar he(b/p)t seine Flügelranzen hoch. heben

Lea lie(g/k)t in ihrer automatischen Hängematte. ______

Tim win(g/k)t seinem Freund zu. ______

In Almas Zimmer blin(g/k)t etwas. ______

Bela brin(g/k)t mir etwas mit. ______

c Markiere die Fehler in den Sätzen. Schreibe die Wörter richtig auf.

Lea liekt gemütlich in ihrer automatischen Hängematte.
Sie liept es, hier hin und her geschaukelt zu werden und faul zu entspannen.
Deshalb frakt sie ihren Bruder Nils, ob er ihr einen Saft bringen kann.
Unerwartet sakt Nils: „Ja." „Was für ein schöner Tag", dengt Lea.

______

______

Ich kann die Strategie Verlängern für die Rechtschreibung nutzen. ☺ 😐

· Rechtschreibstrategie anwenden: verlängern
· eigenen Lernerfolg reflektieren

SB: Seite 49

Das kann ich!

1 Unterstreiche die Verben in den Sätzen.
Schreibe die Sätze in der einfachen Vergangenheit auf.

Lola erzählt Max von der Erfindermesse.

Lola zeigt ihm ein Foto.

Auf der Messe testet sie das Zeitmobil.

Lola lobt die Erfinderin.

2 Schreibe die Verben in der einfachen Vergangenheit auf.
Schlage im Wörterbuch nach.

ich denke ______ S. ______

wir geben ______ S. ______

sie hilft ______ S. ______

Rückmeldung: ______

3 Welche Verlängerung hilft dir? Markiere den richtigen Buchstaben.

Bran$^{d}_{t}$stifter ______ er den$^{g}_{k}$t ______

safti$^{g}_{k}$ ______ lau$^{d}_{t}$ ______

Ber$^{g}_{k}$spitze ______ tau$^{b}_{p}$ ______

sie sä$^{g}_{k}$t ______ es le$^{b}_{p}$t ______

Rückmeldung: ______

· eigenen Lernerfolg überprüfen

Eine Geschichte mit dem roten Faden planen

1 Leo hat den Anfang einer Geschichte auf Karten geschrieben.
Wie könnte die Geschichte weitergehen? Schreibe weitere Karten.

Überschrift: ____________________

Einleitung
Es war einmal ein kleiner Junge ...

- Ferien bei seinen Großeltern

Hauptteil
Eines Tages fand er ein Buch.

Es hatte große, fremde Zeichen.

Er fuhr mit dem Finger die Zeichen nach, da ...

____

____

Schluss
____

2 Überlege dir eine passende Überschrift zu deiner Geschichte. Trage sie oben ein.

3 Erzähle die ganze Geschichte einem anderen Kind. Überprüft die Reihenfolge.

· Planungsmethoden kennen, Schreibideen entwerfen
· Planungsmethode *roter Faden* nutzen

SB: Seite 52–53

Bildhafte Ausdrücke und Redensarten kennenlernen

1 Was ist mit dieser Redensart gemeint? Schreibe auf.

____

2 Zu welchen Bildern passen die Redensarten? Trage die passenden Ziffern ein. Schreibe die Bedeutung dazu.

1 auf dem Schlauch stehen	2 mit dem Kopf durch die Wand wollen
3 auf der Bärenhaut liegen	4 jemanden um den Finger wickeln

etwas nicht verstehen — unbedingt den eigenen Willen durchsetzen

Jemanden dazu bringen zu tun, was man möchte. — faulenzen

3  Bedeutung: ______________________________

☐ 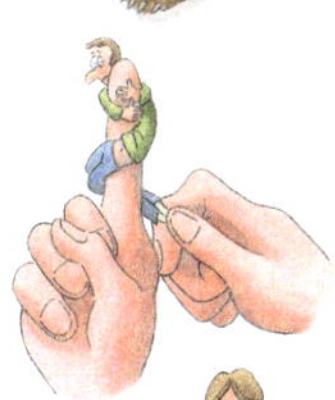 Bedeutung: ______________________________

☐  Bedeutung: ______________________________

☐  Bedeutung: ______________________________

3 Welche Redensarten kennst du? Schreibe sie mit ihrer Bedeutung auf.

____

____

____

- bildhafte Ausdrücke kennen und verstehen (Redensarten)
- über Verstehensprobleme sprechen

SB: Seite 54

Satzglieder umstellen und erkennen

Sätze bestehen aus **Satzgliedern**. Satzglieder bestehen aus einem Wort oder mehreren Wörtern. Satzglieder bleiben beim Umstellen zusammen:
Die kranke Großmutter | liegt | im Bett | .
Im Bett | liegt | die kranke Großmutter | .
Liegt | die kranke Großmutter | im Bett | ?

1 Stelle den Satz zweimal um. Markiere die Satzglieder.

Aschenputtel | schlief | nachts | neben dem Herd | .

2 Stelle den Satz um und markiere die Satzglieder.

Die Tauben pickten die Erbsen aus der Asche .

3 Stelle einige Satzglieder um, sodass die Sätze nicht immer gleich anfangen.

Aschenputtel
Aschenputtel tanzte jeden Tanz mit dem Prinzen.
Sie ging nach dem letzten Tanz.
Sie verlor dabei ihren goldenen Schuh auf der Treppe.
Sie fuhr schnell mit ihrer Kutsche.
Aschenputtel traf am nächsten Tag den Prinzen.

- sprachliche Operatoren kennen: umstellen
- mit Sprache experimentell umgehen

SB: Seite 55

Satzarten und Satzschlusszeichen verwenden

1 Trage das richtige Satzschlusszeichen in die Sprechblasen ein: . ! ?

2 Schreibe zu jeder Satzart ein Beispiel aus Aufgabe 1 auf.

Aussagesatz: ______________________________

____

Fragesatz: ______________________________

____

Aufforderung: ______________________________

Ausruf: ______________________________

Zeichensetzung bei wörtlicher Rede kennen

Am Anfang der wörtlichen Rede stehen die Anführungszeichen unten.
Am Ende der wörtlichen Rede stehen die Anführungszeichen oben.
Nach dem Doppelpunkt schreibt man groß.

Gretel sagt: „Ich habe Hunger."

1 Unterstreiche Begleitsatz und wörtliche Rede mit unterschiedlichen Farben.

Der Zwerg tanzt um das Feuer und singt: „Ach wie gut, dass niemand weiß, dass ich Rumpelstilzchen heiß."

Der siebte Zwerg erkundigt sich: „Wer hat von meinem Tellerchen gegessen?"

Das tapfere Schneiderlein erschlägt sieben Fliegen und sagt: „Sieben auf einen Streich."

Rotkäppchen fragt: „Aber Großmutter, warum hast du so große Augen?"

2 Setze die Anführungszeichen.

Ali Baba spricht: Sesam öffne dich!

Die Zauberin ruft: Rapunzel, lass mir dein Haar herunter!

Der Reiter fragt Hans im Glück: Ei, warum läufst du zu Fuß?

Zweiäuglein sagt zu ihrer Ziege: Zicklein meck und Tischlein deck!

Der Wolf jammert: Was rumpelt und pumpelt in meinem Bauch herum?

· Rechtschreibstrategie anwenden: ableiten

SB: Seiten 57–58

Wörter mit ä und äu ableiten

ä oder **e**? **äu** oder **eu**? Gibt es ein verwandtes Wort mit **a** oder **au**, schreibst du **ä** oder **äu**. Das nennt man Ableiten.

1 Schreibe zu den Wörtern mit **ä** und **äu** ein verwandtes Wort mit **a** oder **au** auf.

blättern Blatt

täglich ____

quälen ____

stämmig ____

räuchern ____

schäumen ____

säubern ____

läuten ____

2 Setze die fehlenden Buchstaben ein: **ä** oder **e**, **äu** oder **eu**?

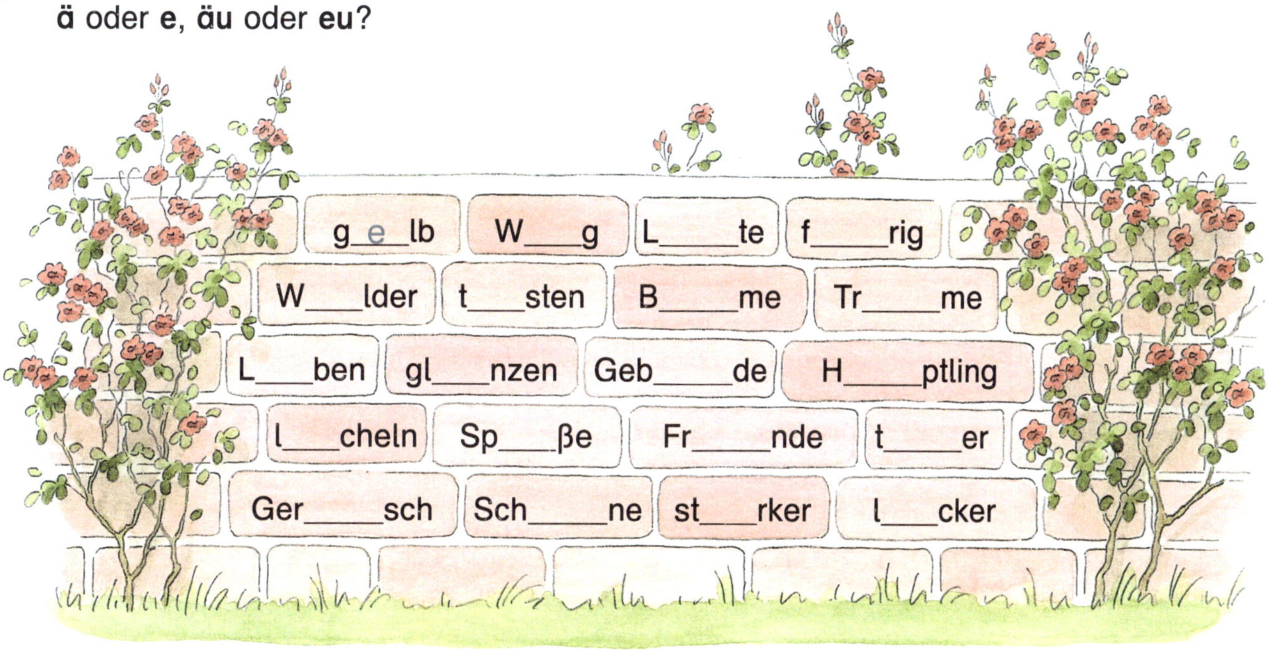

3 Welche Wörter mit **ä** und **äu** kennst du, die ein verwandtes Wort mit **a** oder **au** haben? Schreibe einige Wörter auf.

____

____

____

Wörter mit ä/e und äu/eu

1 Setze die Selbstlaute in die Übungswörter ein.

G__b___d__   __ngstl__ch   __ng__h___r

k__mpf__n   M___s__   r___m__n

l___cht__n   gl__nz__n   B__rg

tr___m__n   kr__ft__g   g__rn

2 Schreibe zu den Übungswörter verwandte Wörter mit **a** oder **au** auf.

ängstlich ___Angst___

die Gebäude ______

glänzen ______

räumen ______   die Mäuse ______

kräftig ______   erzählen ______

träumen ______   kämpfen ______

Wörter mit ä/e
ängstlich
glänzen
kämpfen
kräftig
Berg
gern
Wörter mit äu/eu
die Gebäude
leuchten
die Mäuse
räumen
träumen
das Ungeheuer

3 Setze diese kleinen Wörter in den Text ein: viele in jeder aber sich den

______ einem Märchenbuch stehen ______ fantastische Geschichten. Kleine Kobolde halfen ______ Menschen in der Geschichte von den Heinzelmännchen. Diese lebten in Köln und erledigten in ______ Nacht die Arbeit der Handwerker. ______ die Frau des Schneiders wollte die Kobolde sehen und dachte ______ eine List aus.

4 Schreibe den Text von Aufgabe 3 als Schleichdiktat ab.

· Arbeitstechniken nutzen
· methodisch sinnvoll abschreiben
· Wörter des Grundwortschatzes schreiben

SB: Seite 61

Eine Geschichte mit dem roten Faden planen

1 Wähle eine Aufgabe aus:

a Leo hat den Anfang seiner Geschichte auf Karten geschrieben.
Ordne die Karten mit dem roten Faden.

Das Schneckenhaus

1
- am Morgen
- Kai öffnete das Fenster

3
- nahm das Haus in die Hand
- keine Schnecke
- leer

- auf Fensterbank lag Schneckenhaus
- er wunderte sich

- Bitte erlöse mich!
- bin verzaubert
- Du musst ...

- plötzlich hörte Kai eine Stimme

b Wie könnte die Geschichte weitergehen? Schreibe deine Ideen auf die Karten.
Verbinde sie mit dem roten Faden.

Als Lola durch den Wald ging, fand sie eine rote Feder. Sie hob sie auf und strich über die etwas verhakten Federfahnen. Bald war die Feder wieder glatt.
Im gleichen Moment landete ein roter Vogel vor ihren Füßen und sprach: „ ...

c Plane eine eigene Geschichte mit dem roten Faden zum Thema: ein Flaschengeist.

Ich kann mit dem roten Faden eine Geschichte planen.

- Planungsmethode *roter Faden* nutzen
- eigenen Lernerfolg reflektieren

Wörter mit ä und äu ableiten

1 Wähle eine Aufgabe aus

a Male die verwandten Wörter in derselben Farbe an.
Ergänze die fehlenden Buchstaben

ä oder e	backen	w____rmen	B____cker	warm
	Schn____cke	Schaf	h____rzlich	Sch____fer
äu oder eu	Mauer	L_____fer	Gem____er	l_____chten
	Sch_____ne	braun	laufen	br_____nen

b Ergänze die fehlenden Buchstaben.

ä oder e, äu oder eu ?	verwandtes Wort	so ist es richtig
Gl____ser	Glas	Gläser
Z____lte		Zelte
w____rmen		
h____rzlich		
Geb_____de		
Fr_____nde		
tr_____men		

c Schreibe zu Wörtern mit **ä** und **äu** verwandte Nomen, Verben und Adjektive mit **a** oder **au** auf. Schreibe so: Gläser: das Glas, verglasen, glasig

Ich kann Wörter mit ä und äu ableiten und richtig schreiben.

· Rechtschreibstrategie anwenden: ableiten
· eigenen Lernerfolg reflektieren

Das kann ich!

1 Stelle die Sätze um. Markiere die Satzglieder durch Striche | .

Hans im Glück bekam einen Klumpen Gold.

Für das Gold bekam er ein Pferd.

Rückmeldung: ____________________

2 Schreibe die Wörter mit **ä** oder **e**, **äu** oder **eu** auf.

3 Setze die fehlenden Buchstaben ein: **ä** oder **e**, **äu** oder **eu**?

H_____te tr____ffen sich die R_____ber an der alten Sch_____ne.
Für die kleinen M_____se ist das gef____hrlich. Schn____ll laufen sie
zu den nahen Str_____chern. Hinter den kleinen ____sten können sie sich
gut verst____cken. Als es k____lter wird, machen die R_____ber ein F_____er.
Sie wollen sich w____rmen. Nun ziehen sie auch ihre n____en M____ntel
aus Hasenf____ll an. So können sie sich nicht erk____lten.

Rückmeldung: ____________________

Den Aufbau einer E-Mail kennen

1 Markiere die Teile einer E-Mail in der passenden Farbe.

E-Mail-Adresse | Abschiedsgruß | Text | Anrede | Betreff

An: frieda@oma.de
Betreff: Urlaubsgrüße

Hallo liebe Oma,

ich sitze auf dem Balkon in unserer Ferienwohnung. Das Wetter ist fantastisch und das Meer ist schön warm. Wir sind jeden Tag am Strand. Wie geht es euch? War Opa mal wieder angeln?
Ich freue mich schon auf euch!

Liebe Grüße
Mats

2 Lies die Sätze. Schreibe eine E-Mail von Oma an Mats.

Oma freut sich über die Urlaubsgrüße.
Opa hat einen großen Fisch gefangen.
Oma und Opa kommen Mats morgen besuchen.

An: enkel.mats@ferien.de

Betreff: ______

______

______

______

______

______

______

- Verwendungszwecke digitaler Medien kennen: E-Mail
- Aufbau einer E-Mail kennenlernen

SB: Seite 66

Eine E-Mail überarbeiten

1 Lies die E-Mail. Kontrolliere mit der Checkliste. Markiere, was du ändern musst.

An: Frau Niemann
Betreff: s.niemann@lehrerin.de

Liebe Frau Niemann,

Jule und ich möchten unseren Erklärfilm der Patenklasse vorstellen. Können wir das am Freitag in der Deutschstunde machen?

Tom

Checkliste: Eine E-Mail schreiben
- ◯ E-Mail-Adresse
- ◯ Betreff (Thema oder Überschrift der Nachricht)
- ◯ Anrede
- ◯ Text
- ◯ Abschiedsgruß

2 Überarbeite Toms E-Mail.

An: ____________________

Betreff: ____________________

____

____

____

____

____

____

____

____

____

Zusammengesetzte Nomen bilden

Zusammengesetzte Nomen bestehen aus **Bestimmungswort** und **Grundwort**.
Das Bestimmungswort steht vorne und beschreibt das Grundwort genauer.
Der Artikel richtet sich nach dem Grundwort:

der Computer + das Spiel = das Computerspiel.

Bestimmungswort → Computer; Grundwort → spiel

1 Setze die Nomen zusammen. Schreibe sie mit Artikel auf.
Unterstreiche den Artikel und das Grundwort.

der Kuchen + die Gabel = die Kuchengabel

der Apfel + der Baum = ____________________

das Fahrrad + der Weg = ____________________

der Garten + die Hütte = ____________________

das Bild + der Schirm = ____________________

2 Bilde zusammengesetzte Nomen. Schreibe sie mit Artikel auf.
Unterstreiche den Artikel und das Grundwort.

Papier

Haus

__________ + __________ = ____________________

__________ + __________ = ____________________

__________ + __________ = ____________________

__________ + __________ = ____________________

__________ + __________ = ____________________

__________ + __________ = ____________________

· Möglichkeiten der Wortbildung kennen und anwenden: Komposita
· Komposita bilden

SB: Seite 70 – 71

Nomenprobe mit Adjektiv kennen N↑

Kann vor ein Wort ein Adjektiv eingeschoben werden, ist es ein Nomen.
Die Endung des Adjektivs verändert sich:
der Computer – der neue Computer,
die Bücher – die alten Bücher.

1 Ergänze die Treppengedichte mit passenden Adjektiven.
Markiere wie im Beispiel.

die lange Schlange

die ______, ______ Schlange

die ______, ______, ______ Schlange

braucht beim Baden
wirklich lange.

die ______ Puppe

die ______, ______ Puppe

die ______, ______, ______ Puppe

quatscht am liebsten
und isst Suppe.

2 Schreibe ein Treppengedicht zu dem Bild.

die glänzende Dose
die glänzende, …

3 Schreibe eigene Treppengedichte mit diesen Wörtern.

das Glück   der Traum   der Schreck   mein Lachen

Nomenprobe mit Adjektiv kennen N↑

1 Setze passende Adjektive ein. Markiere wie im Beispiel.

die lange Pause der ______ Schlaf die ______ Ruhe

der ______ Monat der ______ Sturm der ______ Herbst

2 Setze passende Adjektive vor die Nomen.

Der kleine ______ Vogel hat ______ Hunger.

Das ______ Lachen weckt den ______ Quiesel.

Alle ______ Kinder haben ______ Interesse an

der ______ Computer-AG.

3 Vor welche Wörter passt ein Adjektiv?
Markiere die Nomen.
Schreibe den Satz mit den Adjektiven richtig auf.

Mache die Nomenprobe.

Bei ▢ dem ▢ gewitter ▢ haben ▢ wir ▢ angst.

______

______

Das ▢ computerspiel ▢ macht ▢ meinen ▢ freunden ▢ spaß.

______

______

Alle ▢ kinder ▢ in ▢ unserer ▢ klasse ▢ schreiben

▢ einen ▢ text ▢ am ▢ computer.

______

______

______

Rechtschreibstrategie anwenden:
Nomenprobe

SB: Seite 72

Wörter mit ck richtig schreiben

1 Schreibe die Verben und die Nomen mit **ck** richtig auf.
Markiere den kurzen Selbstlaut vor dem **ck**.

 bücken

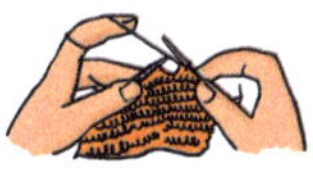 ______

 ______

 ______

 die ______

 die ______

 der ______

 die ______

2 Ordne die Wörter nach Wortarten.
Markiere den kurzen Selbstlaut vor dem **ck**.

Schnecke ✓ trocknen knackig Speck pflücken dick eckig Drucker
schmücken Pickel verstecken zickig Mücke locker gucken

Nomen : Schnecke ______

______

Verben : ______

______

Adjektive : ______

______

3 Ergänze jeweils vier passende Wörter. Trage die Silbenbögen ein.
Markiere den kurzen Selbstlaut vor dem **ck**.

-ock- : trocken ______

-eck- : ______

-ick- : ______

Wörter mit ck

Wörter mit ck
die Brücke
einpacken
entdecken
entwickeln
das Frühstück
der Geschmack
glücklich
gucken
die Jacke
der Schreck
verstecken
der Wecker

1 Welche Übungswörter verstecken sich hier? Schreibe sie richtig auf.

cckhüllig ________

enectdekn ________

eckhrSc ________

eectvkrnse ________

cegknu ________

sührkFütc ________

kacGhcsme ________

wktneelnci ________

cerkWe ________

2 Welches Wort passt nicht? Streiche es durch. Schreibe das richtige Übungswort auf.

Morgens klingelt mein Toaster. ________

Zum Tisch essen viele Menschen Brötchen. ________

Meine neue Tasse hält mich auch bei Regen trocken. ________

Ab und zu braten wir einen Tierfilm. ________

Unser Hund verkauft manchmal meine Schuhe. ________

3 Setze diese kleinen Wörter in den Text ein: nur sogar deshalb beim

Meine große Schwester guckt ________ auf ihr Handy.

________ beim Frühstück wirkt sie abwesend.

________ will Papa es ________ Essen verstecken.

· Arbeitstechniken nutzen
· methodisch sinnvoll abschreiben
· Wörter des Grundwortschatzes schreiben

SB: Seite 75

Zusammengesetzte Nomen bilden

1 Wähle eine Aufgabe aus.

a Setze die Nomen zusammen.
Unterstreiche den Artikel und das Grundwort.

die Pause + der Hof = der Pausenhof

der Tag + das Buch =

die Sonne + der Schirm =

der Hering + der Salat =

der Fuß + der Ball + das Tor =

b Markiere die Nomen, die du zusammensetzen kannst.
Schreibe die zusammengesetzten Nomen mit Artikel auf.

Den Kuchen esse ich mit einer Gabel.

In dem Haus wohnt unser Hund.

Das Eis schmeckt nach Schokolade.

Diese Jacke schützt mich vor Regen.

An diesem Tag haben wir viel Glück.

c Bilde Wörter aus drei Nomen.
Unterstreiche den Artikel und das Grundwort.

Ich kann Nomen zusammensetzen.

Nomenprobe mit Adjektiv kennen NT

1 Wähle eine Aufgabe aus.

a Setze passende Adjektive ein. Markiere wie im Beispiel.

schlechte ✓ dicke schöne langsame heiße lustige

das	schlechte	Wetter	der	______	Elefant
der	______	Clown	die	______	Rose
die	______	Schnecke	die	______	Sonne

b Streiche die Fehler durch.
Schreibe die Sätze mit einem Adjektiv vor jedem Nomen richtig auf.

Der junge ärgert seine schwester.

______

Im sommer gehe ich ins freibad.

______

Die musik macht laune.

______

c Warum wird JUNGE mal groß und mal klein geschrieben?
Erkläre mit der Nomenprobe.

das junge Kind der Junge  

______

______

______

______

Ich kann die Nomenprobe mit Adjektiven anwenden. ☺ 😐

· Rechtschreibstrategie anwenden: Nomenprobe
· eigenen Lernerfolg reflektieren

1 Schreibe die zusammengesetzten Nomen mit Artikel auf.
Unterstreiche den Artikel und das Grundwort.

\+ die Feder = ______

\+ das Haus = ______

\+ das Nest = ______

\+ das Futter = ______

2 Kreuze die richtigen Aussagen zu zusammengesetzten Nomen an.

- ☐ Zusammengesetzte Nomen bestehen aus mehreren Nomen.
- ☐ Der Artikel richtet sich nach dem Bestimmungswort.
- ☐ Das Grundwort beschreibt das Bestimmungswort genauer.
- ☐ Wenn du ein Nomen zusammensetzt, musst du manchmal Buchstaben zwischen die Nomen setzen.
- ☐ Nur der erste Buchstabe wird großgeschrieben.
- ☐ Das Wort **Tierbuch** ist ein zusammengesetztes Nomen.

Rückmeldung: ______

3 Finde passende Adjektive. Ergänze das Treppengedicht.

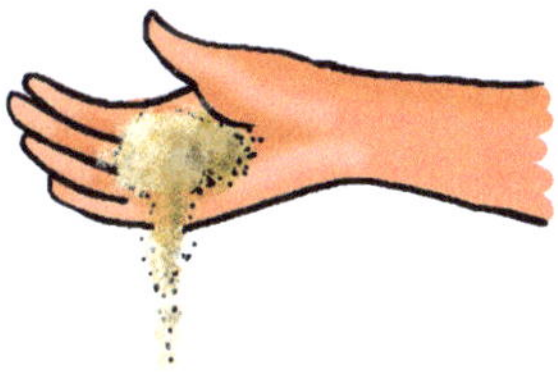

der ______ Sand

der ______, ______ Sand

der ______, ______, ______ Sand

rieselt leise von meiner Hand.

4 Schreibe den Satz richtig auf. Markiere die Nomen.

Die gute nachricht bereitete ihr große freude.

______

Rückmeldung: ______

Schreibziel kennen: Für wen und wozu schreibe ich?

1 Für welches Kind möchtest du das Schreibziel formulieren? Male das Kind an.

2 Formuliere das Schreibziel für das Kind, das du ausgewählt hast.
Beantworte dazu die folgenden Fragen:

Für wen schreibe ich?

___

Was schreibe ich?

___

Was möchte ich erreichen?

___

___

Wie kann ich den Text aufbauen?

___

___

Eine Anleitung schreiben

1 Schreibe Alims Anleitung für den Bewegungspfad.

1. Gehe zuerst rückwärts über den Sandweg.
2.
3.
4.
5.

2 Überlege dir eine passende Überschrift für die Anleitung.

Checkliste: Eine Anleitung schreiben
- ◯ passende Überschrift
- ◯ Materialien
- ◯ Ablauf genau beschreiben
- ◯ richtige Reihenfolge
- ◯ Gegenwartsform

· instruierend schreiben: Anleitung
· Text kriteriengeleitet überprüfen

SB: Seite 81

Passende Verben finden: Wortfelder erstellen

Verben, die eine ähnliche Bedeutung haben, gehören zu einem Wortfeld:
gehen, laufen, schleichen, ...

1 Markiere die Verben, die zum Wortfeld **sprechen** gehören. Vergleicht eure Ergebnisse.

rufen	schleichen	schauen	schreien	kriechen	kreischen
riechen	erzählen	flüstern	schnarchen	tuscheln	
träumen	sagen	niesen	murmeln	antworten	

2 Laut oder leise? Schreibe die Verben aus dem Wortfeld **sprechen** aus Aufgabe 1 in die Tabelle.

eher laut	weiß man nicht genau	eher leise
rufen		

3 Schreibe möglichst viele Verben zum Wortfeld **essen** auf.

schlucken

4 Schreibe Sätze mit den Verben aus Aufgabe 3.

Wörter mit s und ß richtig schreiben

Verlängere das Wort. So hörst du die schwierige Stelle besser:
größer – groß, Gläser – Glas,
begrüßen – begrüßt.

1 Verlängere und schreibe die Wörter geordnet auf.

Flo Lau hei gro Glei fie Klo endlo

ß die Flöße – das Floß,

s

2 **s** oder **ß**? Schreibe die Verben in der Grundform.

schie_ß_t schießen

krei___t

ra___t

schlie___t

grü___t

hei___t

nie___t

bei___t

3 In jedem Satz ist ein Wort falsch geschrieben.
Streiche es durch und schreibe es richtig auf.

Das Flos treibt schnell über den reißenden Fluss.

Die Kuh graßt auf der Wiese.

Alina findet Katzen süs.

Karim pflückt einen riesigen Straus Blumen.

Wörter mit ß richtig schreiben

1 Finde möglichst viele Wörter mit **ß** für die Tabelle.

eiß	auß/äuß	aß/äß
fleißig		das Maß

oß/öß	uß/üß	ieß

2 Welche Aussagen sind richtig? Kreuze sie an.

- ☐ **ß** steht immer am Wortanfang.
- ☐ **ß** steht nach langen Vokalen.
- ☐ **ß** steht nach Konsonanten.
- ☐ **ß** steht nur in Nomen.
- ☐ **ß** kann vor einem Konsonanten stehen.

· Rechtschreibstrategie anwenden: verlängern bei Wörtern mit s und ß im Auslaut

SB: Seite 84–85

Wörter mit ie richtig schreiben

1 Schreibe die Wörter zu den Bildern auf.

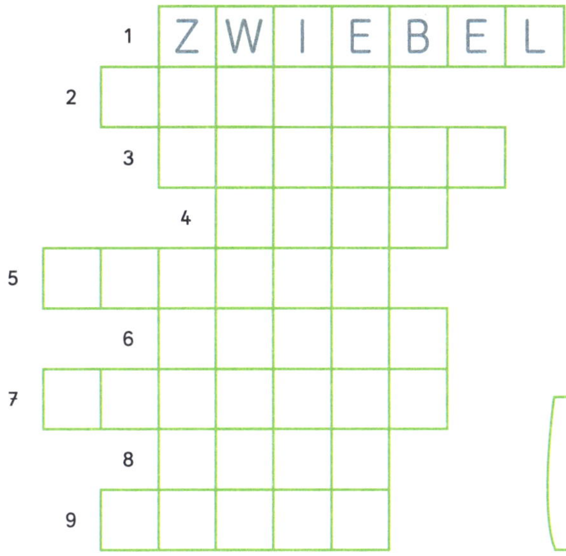

Lösungswort:

W _ _ _ _ _ _ _ _

2 i oder **ie**? Verlängere die Verben und schreibe sie mit Silbenbögen auf. Makiere die Vokallänge.

b_ie_gt	biegen	fr___rt	
st___nkt		kr___cht	
kr___gt		tr___nkt	
pass___rt		w___nkt	
sch___bt		r___cht	

3 Bilde Sätze mit den **ie**-Wörtern.

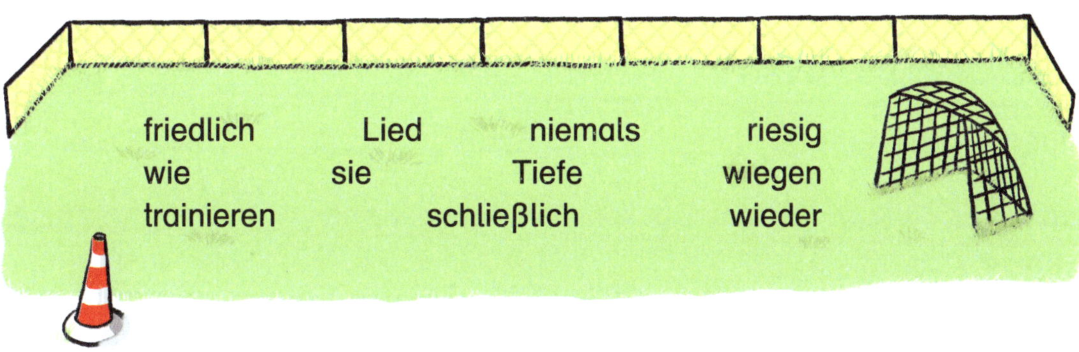

Wörter mit ß
Wörter mit ie

Wörter mit ß
- draußen
- dreißig
- fleißig
- groß
- schießen
- der Spaß

Wörter mit ie
- biegen
- lieben
- niemals
- sie
- spielen
- viel

1 Finde in den Übungswörtern das Reimwort. Schreibe es auf.

gießen	______	Floß	______
sieben	______	dreißig	______
wie	______	fraß	______

2 Welche Übungswörter verstecken sich hier?

eilv	______	animels	______
eis	______	nicheßes	______
rogß	______	geißfil	______

3 Setze **s** oder **ß** ein.

Drau___en auf der Wie___e

Wir machen heute ein Picknick auf der Wie___e. Emil war sehr flei___ig. Er hat einen gro___en Obstsalat mit einer leckeren So___e gemacht. Lea öffnet eine Brotdo___e mit Kä___e. Nina gie___t Wasser in unsere Glä___er und auf Alims Ho___e. Der muss vor Schreck heftig nie___en.

4 Setze diese kleinen Wörter in den Text ein: nach allen unsere durch auf

Draußen zu essen macht ______ Spaß. ______ dem Essen liegen wir ______ den Decken. Die Sonne kitzelt ______ Nasen. Der Wind streicht ______ die Gräser.

· Arbeitstechniken nutzen
· methodisch sinnvoll abschreiben
· Wörter des Grundwortschatzes schreiben

SB: Seite 89

Ein Schreibziel formulieren

1 Wähle eine Aufgabe aus.

a Finde das Schreibziel für die Kinder.
Verbinde die Fragen mit den passenden Antworten.

Für wen schreiben die Kinder?	erst die Zutaten und das Material nennen, dann schreiben, wie man den Quark zubereitet
Was schreiben sie?	für die Klasse 3c
Was möchten sie erreichen?	ein Rezept
Wie können sie den Text aufbauen?	Die Klasse 3c soll den Quark zubereiten können.

b Finde das Schreibziel für das Kind. Schreibe passende Antworten zu den Fragen auf.

Für wen schreibt das Kind?

____

Was schreibt es?

____

Was möchte es erreichen?

____

Wie könnte es den Text aufbauen?

____

c Finde das Schreibziel für das Kind. Schreibe dazu Fragen und Antworten auf.

Ich kann ein Schreibziel formulieren.

Wortfelder kennen

1 Wähle eine Aufgabe aus.

a Welche Wörter gehören zum Wortfeld **essen** ? Markiere sie.

fressen	frühstücken	fragen	naschen
speisen	sich stärken	verschlingen	verspeisen
waschen	futtern	riechen	schlucken

b Schreibe passendere Verben aus dem Wortfeld **putzen** auf.

waschen ✓ polieren saugen aufwischen abwischen fegen

Alle putzen

Opa will heute die Wäsche putzen. waschen

Sina kann den Gehweg putzen.

Nils muss den Teppich im Wohnzimmer putzen.

Papa möchte nur den Tisch putzen.

Mama soll ihre Sportpokale putzen.

Oma will die Flecken vom Küchenboden putzen.

c Warum ist es nützlich, Wortfelder zu erstellen? Schreibe auf.

Ich kann Wörter aus einem Wortfeld erkennen.

· Wortfelder kennen und verwenden
· eigenen Lernerfolg reflektieren

SB: Seite 91

1 Was solltest du beim Schreiben einer Anleitung beachten. Kreuze an.

☐ Ich schreibe möglichst spannend.
☐ Ich finde eine passende Überschrift.
☐ Ich beschreibe genau.
☐ Ich schreibe in der einfachen Vergangenheit.
☐ Ich schreibe in einer verständlichen Reihenfolge.
☐ Ich schreibe das Material auf.

Rückmeldung: ______________________

2 Setze **s** oder **ß** ein.

Alima muss die Turnhalle noch abschlie___en.

„Sina und Tim, ihr le___t heute abwechselnd vor."

Kim schie___t den Ball gegen die Wand.

Frau Schöning begrü___t die Eltern zum Spielefest.

Tim sau___t an Klara vorbei.

Rückmeldung: ______________________

3 Schreibe möglichst viele Verben zu einem Wortfeld auf.

Rückmeldung: ______________________

· eigenen Lernerfolg überprüfen

Gleiche Wörter mit unterschiedlichen Bedeutungen

1 Welche Teekesselchen sind hier abgebildet? Trage die Namen ein.

Boxer

2 Schreibe einige Teekesselchen aus Aufgabe 1 mit den zwei Bedeutungen auf.

Boxer: ein Hund, ein Sportler

- mit Sprache experimentell und spielerisch umgehen

SB: Seite 96

Gleiche Wörter mit unterschiedlichen Bedeutungen

1 Lies die Beschreibungen. Trage die Namen der **Teekesselchen** ein.

Mein **Teekesselchen** sitzt oben auf verdorbenen Lebensmitteln.

Mein **Teekesselchen** ist ein großes weißes Tier.

Mein **Teekesselchen** kann weiß, grün oder schwarz sein.

Auf meinem **Teekesselchen** kann man reiten.

Mein **Teekesselchen** besteht aus Steinen.

Mein **Teekesselchen** brauchen verletzte Menschen.

Auf meinem **Teekesselchen** kann man gehen.

Mein **Teekesselchen** klebt auf Wunden.

Mein **Teekesselchen** kann fliegen.

Mein **Teekesselchen** ist aus Stoff.

Mein **Teekesselchen** ist ein Insekt.

Mein **Teekesselchen** ist ein Kleidungsstück.

2 Welche Teekesselchen fehlen? Schreibe das Wort einmal auf.

Die Oma saß auf einer ___.
Mein Vater holt sich Geld von der ___.

Gestern musste ich zwei Stunden in einer ___ stehen.
Im Terrarium ist eine giftige ___.

Der Elektriker schraubt eine ___ in die Lampenfassung.
Die ___ hängen reif am Baum.

Endlich hat unsere Mannschaft ein ___ geschossen.
Durch das große ___ kommt man in einen alten Park.

· mit Sprache experimentell und spielerisch umgehen

SB: Seite 96

Wortbausteine bei Verben kennen

Einige Wortbausteine können sich im Satz vom Verb trennen:
ausmalen: Ich male ein Bild aus.

1 Bilde mit dem Verb und den Wortbausteinen neue Verben.

weg | ab | ein | an | ver | aus | über | fort

laufen

weglaufen

2 Setze das Verb passend ein.

überlaufen	Nach dem Regen läuft der Teich über.
abschreiben	Pit ___ den Text von der Tafel ___.
nachschlagen	Tina ___ das schwierige Wort im Wörterbuch ___.
anprobieren	Quiesel ___ das neue T-Shirt ___.
einkaufen	Mein Opa ___ immer am Samstag ___.
aufdecken	Der Detektiv ___ den Diebstahl ___.

3 Markiere die Verben in den Sätzen und schreibe sie auf.

Der Bus fährt um 9.00 Uhr ab. — abfahren

Sie holt ihre Freundin zum Fußballtraining ab. — ___

Der Sanitäter bindet den verletzten Arm ab. — ___

Quiesel fällt in der Menschenmenge nicht auf. — ___

Das Kind hört gespannt zu. — ___

· Möglichkeiten der Wortbildung kennen: Wortbausteine bei Verben, Trennbarkeit und Nichttrennbarkeit kennen

SB: Seite 97

Abkürzungen kennen

1 Was bedeuten die Abkürzungen? Verbinde.

km	Anrufbeantworter
AB	Kilometer
Do	Wohnung
Whg.	Donnerstag

EL	Stunde
Abk.	Schnellbahn
Std.	Esslöffel
S-Bahn	Abkürzung

2 Welche Wörter kannst du durch Abkürzungen ersetzen?
Markiere die Wörter. Schreibe die Sätze mit den Abkürzungen auf.

PKW ✓ Hbf ✓ EG U-Bahn EL Zi km
g LKW Std. Kfz Whg Uni tgl. BLK

Wir fahren mit unserem Personenkraftwagen zum Hauptbahnhof.

Wir fahren mit unserem PKW zum Hbf.

Mit der Untergrundbahn fahren wir zur Universität.

Lisas Vater fährt täglich 500 Kilometer mit dem Lastkraftwagen.

Sina arbeitet acht Stunden in einer Kraftfahrzeug-Werkstatt.

Unsere Wohnung ist im Erdgeschoss, hat vier Zimmer und einen Balkon.

Im Rezept stehen 300 Gramm Mehl und 2 Esslöffel Milch.

· Bedeutung häufiger Abkürzungen kennen und verwenden

SB: Seite 98

Merkwörter mit h kennen Ⓜ

In manchen Wörtern könnt ihr das h nicht hören. Diese Wörter nennt man Merkwörter mit stummem **h**.

1 Vor welchen Mitlauten steht das stumme **h**? Sortiere.

fühlen ✓ Rahmen Sohn Höhle stehlen nehmen
Fahne fahren Rohr Bohne lahm sehr

hl	hm	hn	hr
fühlen			

2 Finde die richtigen Merkwörter mit **h**.

Damit schmeckt der Kuchen noch besser. ___ ___ ___ ___ ___

Die Haare eines Pferdes: ___ ___ ___ ___ ___

Ein Schiff, das einen auf eine Insel bringt: ___ ___ ___ ___ ___

Damit können wir hören: ___ ___ ___ ___ ___

Etwas wegnehmen, was einem anderen gehört: ___ ___ ___ ___ ___ ___ ___

3 Setze die fehlenden Pronomen ein. ihm ihr ihnen ihr ihre ihren ihrem ✓

Lea zeigt ihrem Freund Pit ______ Lieblingsbuch.

Sie zeigt ______ die selbstgemalten Bilder. Pit soll auch ein Bild

in ______ Buch malen. Er darf ______ Stifte benutzen.

Es macht ______ Spaß, zusammen zu malen.

Später zeigen sie ______ Eltern die Kunstwerke.

· Rechtschreibstrategie anwenden: Merkwörter mit h

SB: Seite 99

Wortstämme für die Rechtschreibung nutzen

Der Wortstamm ist ein Wortbaustein. Wortstämme werden oft gleich oder ähnlich geschrieben: wühlen – die Wühlmaus, wählen – die Wahl

1 Schreibe die Wörter nach Wortfamilien geordnet auf.
Markiere den Wortstamm.

Wohnung ✓ sonnig gefühlvoll gewohnt fassen bewohnen Sonne
Fassung glätten Sonnenhut gefasst Glätte Gefühl glatt fühlen

WOHN die Wohnung,

SONN

FASS

FÜHL

GLATT

2 Schreibe zu jedem Wortstamm eine Wortfamilien auf.

ROLL

FEHL

ZAHL

ESS

KÜHL

Merkwörter mit h (M)

Merkwörter mit h

die	Auswahl
	ehrlich
die	Fahne
der	Fehler
	fröhlich
die	Lehrerin
die	Mühle
die	Sahne
der	Teilnehmer
	übernehmen
	zählen
	zehn

1 Alle Selbstlaute fehlen.
Schreibe das passende Übungswort dazu.

swhl	______	zhn	______
Tlnhmr	______	brnhmn	______
Fhn	______	hrlch	______
frhlch	______	Lhrrn	______
Shn	______	zhln	______

2 Setze die passenden Übungswörter in den Lückentext ein.
Markiere die Wörter mit **h**.

Es wird ein f______er Tag mit den Großeltern.

Es gibt Kuchen mit S______.

Zu den T______n zählt auch die Lehrerin.

Ihre A______ fällt auf ein Würfelspiel.

Alle spielen e______ und machen keine F______.

3 Setze diese kleinen Wörter in den Text ein:

nur sich mehr ihres bis

Zwei Kinder suchen ______ ein Teekesselchen aus.

Abwechselnd beschreiben sie immer ______ eine Eigenschaft ______ Wortes. Jedes Mal verraten sie ______ über ihr Teekesselchen, ______ jemand das Wort errät.

· Arbeitstechniken nutzen
· methodisch sinnvoll abschreiben
· Wörter des Grundwortschatzes schreiben

SB: Seite 103

Wortbausteine bei Verben kennen

1 Wähle eine Aufgabe aus.

a Markiere die Verben in den Sätzen.

vorlesen	Quiesel liest seiner Freundin ein Gedicht vor.
aufstehen	Musa steht um 7 Uhr auf.
anhalten	Der Zug hält am Gleis 2 an.
zuhören	Die Kinder hören der Lehrerin zu.
abholen	Tina holt ihre Freundin ab.

b Was fehlt? Trage ein.

einteilen: Die Lehrerin teilt die Gruppe ein.

____________: Die Kinder studieren einen Tanz ______.

____________: Opa schaut dem Fußballspiel ______.

____________: Ich wache immer um 8 Uhr ______.

____________: Herr Fischer klopft bei seinem Nachbarn ______.

c Verändere die Sätze so, dass sich das Verb und der Wortbaustein trennen.

Die Lehrerin muss die Gruppen einteilen.

Die Lehrerin teilt ____________

Alle Kinder können die Musik auswählen.

____

Die Eltern sollen die Verkaufsstände aufbauen.

____

Alle dürfen noch neue Ideen vorschlagen.

____

Ich kenne Verben mit Wortbausteinen.

- Möglichkeiten der Wortbildung kennen: Wortbausteine bei Verben
- eigenen Lernerfolg reflektieren

SB: Seite 104

Merkwörter mit h kennen (M)

1 Wähle eine Aufgabe aus.

a Finde neun Verben mit **h** im Wortstamm. Schreibe auf. Markiere den Wortstamm.

B	O	H	R	E	N	H	M
E	K	Ü	H	L	E	N	A
L	A	T	I	Z	H	K	H
O	U	C	M	L	M	E	N
H	R	Ü	H	R	E	N	E
N	S	W	O	H	N	E	N
E	F	E	H	L	E	N	H
N	S	T	E	H	L	E	N

belohnen,

b Schreibe die Merkwörter mit **h** zu den Bildern auf.

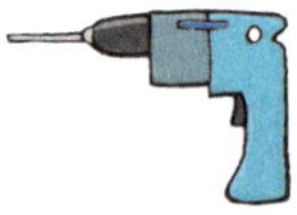

c In jedem Satz sind zwei Fehler. Streiche sie durch. Schreibe die Wörter richtig auf.

Ina baut eine Höle in der Wonung.

Bei külem Wetter faren die Kinder los.

Zur Belonung bekommt der Son ein Tablet.

Ich kann Merkwörter mit stummem **h** richtig schreiben. ☺ 😐

- Rechtschreibstrategie anwenden: Merkwörter mit h
- eigenen Lernerfolg reflektieren

SB: Seite 105

1 Schreibe Ich-Sätze mit den Verben.

einkaufen   abschneiden   weglaufen

____

____

____

2 Welche Wortbausteine passen zu welchem Verb? Kreuze an.

weg	ein	auf	unter	vor	
					laufen
					schreiben
					suchen
					gehen
					schätzen

Rückmeldung: ______________________________

3 Schreibe zu den Verben drei weitere Wörter aus der Wortfamilie auf. Markiere den Wortstamm.

fehlen ______________________________

ahnen ______________________________

stellen ______________________________

4 **a** oder **ah**? Setze richtig ein.

Die Z___l, das B___d, der Sp___ß, die N___rung,

das R___d, die S___ne, der R___men, das Gl___s

Rückmeldung: ______________________________

· eigenen Lernerfolg überprüfen

Eine Beschreibung mit einer Mindmap planen

1 Plane eine Beschreibung für diesen Roboter. Fülle die Mindmap aus. Du kannst die Wörter aus dem Kasten verwenden.

Bauch Arme länglich Hände
Antennen Greifarme Klappen
Nieten rund Knöpfe Gelenke
Augen Schnabel eckig

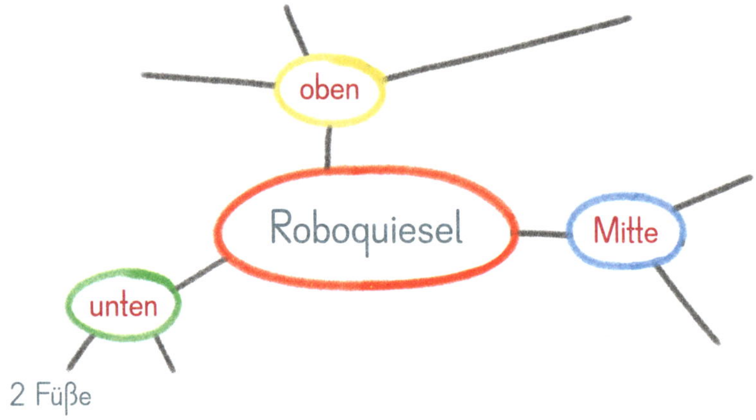

2 Welche besonderen Funktionen hat dein Roboquiesel?

· Planungsmethoden kennen und verwenden: Mindmap

SB: Seite 108

Einen Roboter schriftlich beschreiben

Checkliste: Schriftlich beschreiben
- ◯ sinnvolle Reihenfolge
- ◯ genau beschreiben
- ◯ vollständig beschreiben
- ◯ passende Wörter (Fachwörter, Adjektive)
- ◯ Gegenwartsform verwenden

1 Beschreibe den Roboquiesel möglichst genau.
Ergänze und schreibe weiter.

Der Roboquiesel

Oben hat der Roboquiesel zwei grüne ______.

Er hat zwei große, runde ______ und einen roten ______.

Links und rechts hat er jeweils zwei ______.

2 Überprüfe deine Beschreibung mit der Checkliste.

Satzglieder kennen: Subjekt

Das **Subjekt** ist ein Satzglied. Man fragt nach dem Subjekt mit **Wer oder was ...?**
Der Roboter | kocht | eine Suppe | .
Wer oder was kocht eine Suppe? – der Roboter

○ Wer oder was ...? | Subjekt

1 Finde mit der Frage **Wer oder was?** das Subjekt in den Sätzen.
Unterstreiche das Subjekt.

Die Kinder | freuen | sich | über die Hilfe | .

Frage: Wer oder was freut sich über die Hilfe?

Antwort: die Kinder

Der Roboter Umi | kocht | gut | .

Frage: ______________________________?

Antwort: ______________________________

Am liebsten | macht | der Roboter | die Hausaufgaben | .

Frage: ______________________________

______________________________?

Antwort: ______________________________

Die Lehrer | versorgen | ihn | mit Strom | .

Frage: ______________________________?

Antwort: ______________________________

Abends | schläft | der treue Helfer | im Stehen | .

Frage: ______________________________?

Antwort: ______________________________

- sprachliche Begriffe kennen und verwenden: Subjekt bestimmen

SB: Seite 110

Satzglieder kennen: Prädikat

Das **Prädikat** ist ein Satzglied. In Aussagesätzen ist es das zweite Satzglied:
Der Roboter | fährt | in die Schule |.
Stellst du das Prädikat nach vorne, entsteht ein Fragesatz:
Fährt | der Roboter | in die Schule | ?

Was tut/tun ...? Was geschieht ...?
Stellst du das Prädikat nach vorne, entsteht ein Fragesatz.
Prädikat

1 Stelle die Sätze so um, dass aus den Sätzen Fragen werden. Unterstreiche das Prädikat.

Der Erfinder baut einen Roboter.

Baut der Erfinder einen Roboter?

Der Auftraggeber bezahlt den Erfinder.

Der Roboter besteht aus Konservendosen.

Die restlichen Dosen scheppern vor der Werkstatt.

2 Finde Prädikate auch mit den Fragen **Was tut/tun ...? Was geschieht ...?**

Der Erfinder nimmt mehrere Konservendosen.

Was tut der Erfinder? er nimmt

Einige Konservendosen fallen aus dem Regal.

Die Arme des Roboters greifen nach den Dosen.

Der Roboter pfeift ein Lied.

· sprachliche Operatoren nutzen: umstellen
· sprachliche Begriffe kennen und verwenden: Prädikat bestimmen

SB: Seite 111

Wörter mit r richtig schreiben

1 Löse das Kreuzworträtsel.

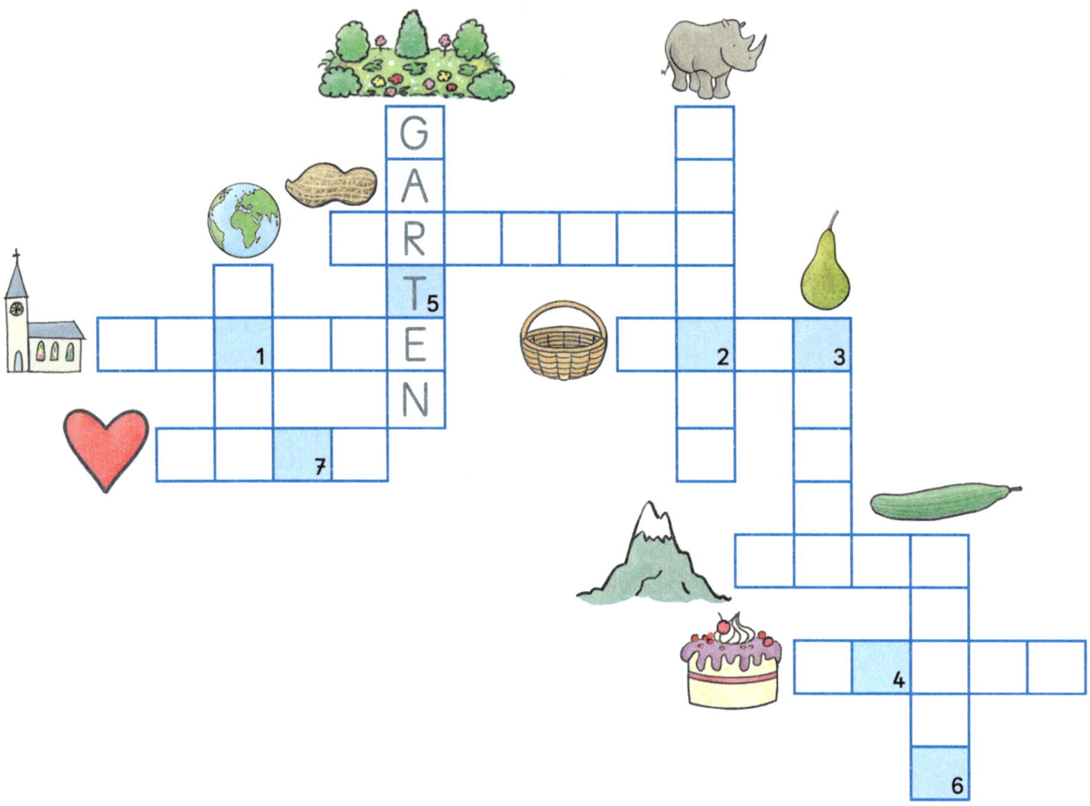

2 Schreibe das Lösungswort auf:

___ ___ ___ ___ ___ ___ ___
1 2 3 4 5 6 7

3 Schreibe die Wörter aus dem Kreuzworträtsel auf. Markiere das **r** in den Wörtern.

4 Suche weitere Wörter, in denen du das **r** nicht gut hörst.
Schreibe sie auf. Markiere das **r**.

Wörter mit h an der Silbengrenze kennen

Das **silbentrennende h** steht zwischen zwei Selbstlauten. Es steht an der **Silbengrenze** am Anfang der zweiten Silbe. In verwandten Wörtern bleibt es meistens erhalten. Durch **Verlängern** kann man das **h** an der Silbengrenze besser hören: geblüht – blü | hen, früh – frü | her, der Floh – die Flö | he.

1 Schreibe die Wörter im Kasten wie im Beispiel auf.

blühen ✓ krähen wehen sprühen ziehen gehen sehen

blühen – es blüht,

2 Bilde mit den Wortstämmen möglichst viele Wörter. Schreibe wie im Beispiel.

GEH RUH DROH BRÜH

GEH: gehen, Gehweg,

· Rechtschreibstrategien anwenden: Silben schwingen und verlängern bei Wörtern mit silbeninitialem h

SB: Seite 114

Wörter mit r
Wörter mit h an der Silbengrenze

1 Trenne die Wörter mit Strichen ab.

ARBEIT|SCHWARZKARTEDREHENSCHUHSEHEN
ARZTNAHGEHENERDESTEHENSTARTEN

2 Schreibe die Wörter aus Aufgabe 1 richtig auf.

____

____

____

3 Finde das passende Übungswort und schreibe es auf.

S = Selbstlaut
M = Mitlaut

die SMMSSM	die Arbeit	MSM	________
der MMMSM	________	die MSMMS	________
MMMMSMM	________	MSMSM	________
der SMMM	________	MMSMSM	________

4 Setze diese kleinen Wörter in den Text ein: mehr sie viele bei

Roboter können mittlerweile im Haushalt helfen. So können ________ die Menschen ________ der täglichen Arbeit gut unterstützen. Auf dem Fußballfeld können auch ________ Roboter gegeneinander spielen. In wenigen Jahren können die kleinen Helfer sicher noch viel ________.

W	
Wörter mit r	
die	Arbeit
der	Arzt
die	Erde
die	Karte
	schwarz
	starten
Wörter mit h an der Silbengrenze	
	drehen
	gehen
	nah
der	Schuh
	sehen
	stehen

· Arbeitstechniken nutzen
· methodisch sinnvoll abschreiben
· Wörter des Grundwortschatzes schreiben

SB: Seite 117

Satzglieder kennen: Subjekt und Prädikat

1 Wähle eine Aufgabe aus.

a Stelle die Sätze so um, dass aus den Sätzen Fragen werden.
Unterstreiche das Prädikat.

Roboter | brauchen | keine warme Jacke | .

Frage: ______________________________ ?

Im Winter | friert | ein Roboter | selten | .

Frage: ______________________________ ?

b Unterstreiche das Subjekt und das Prädikat in den Sätzen.

Die Erfinderin | bastelt | einen Alleskönnerroboter | .
Am Morgen | kocht | der Roboter | Kakao | .
Gleichzeitig | deckt | er | den Tisch | .
Aus dem Schrank | holt | der Roboter | meine Anziehsachen | .
Lena | träumt | von einem eigenen Roboter | .

c Schreibe Sätze zu den Bildern.
Unterstreiche das Subjekt und das Prädikat in den Sätzen.

____
____
____

____
____
____

Ich kann das Subjekt und das Prädikat in Sätzen finden.

- sprachliche Operationen nutzen: Subjekt und Prädikat bestimmen
- eigenen Lernerfolg reflektieren

SB: Seite 118

Wörter mit h an der Silbengrenze kennen

1 Wähle eine Aufgabe aus.

a Schreibe die Wortpaare auf. Trage Silbenbögen ein.
Markiere das **h**.

blühen ✓ die Rehe das Geweih früher er geht das Reh die Kuh
die Zehen früh der Zeh die Geweihe es blüht ✓ die Kühe gehen

blühen – es blüht,

b Schreibe die Grundform zu den Verben auf.
Markiere das **h** an der Silbengrenze.

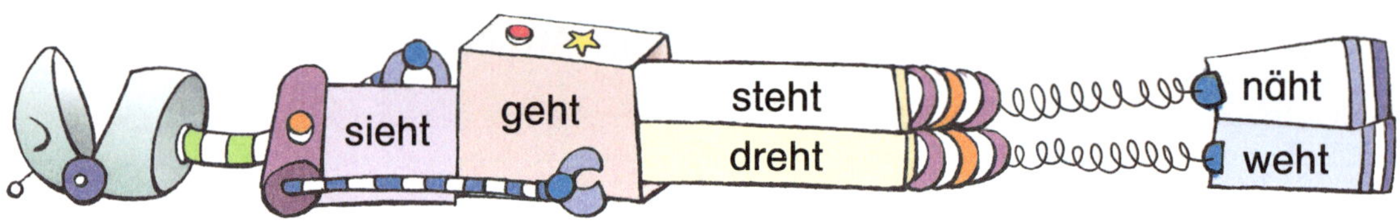

sieht – sehen,

c Finde Verben, bei denen das **h** an der Silbengrenze in der einfachen Vergangenheit erhalten bleibt. Schreibe sie auf.

sehen – er sah, wehen – es

Ich kann Wörter mit **h** an der Silbengrenze richtig schreiben.

- Rechtschreibstrategien anwenden: bei Wörtern mit silbeninitialem h
- eigenen Lernerfolg reflektieren

SB: Seite 119

1 Schreibe die Wörter richtig auf.

Ga ten me ken Sti n ge ne vo ne E dbeere Be g

Rückmeldung:

2 Unterstreiche in den Sätzen das Subjekt und das Prädikat.

Der Roboter | funktioniert | nur | am Morgen | .
Ständig | jammert | er | .
Lea | bestellt | ein Brötchen | .
Mama | möchte | eine Scheibe Brot | .
Der kleine Freund | bringt | das Essen | .
Roboter | essen | heimlich | .

Rückmeldung:

3 Schreibe Sätze. Verwende die Wörter aus dem Kasten wie im Beispiel.

gehen mähen ziehen drehen

gehen: Der Roboter geht in das Kino.

Rückmeldung:

· eigenen Lernerfolg überprüfen

Eine Geschichte planen und aufbauen

1 In welche Zeit möchtest du reisen?
Schreibe das Jahr in die Zeitmaschine.

2 Sammle in der Tabelle Ideen
für eine Geschichte über deine Reise.

Überschrift: ______________________

Einleitung Wer? Wann? Wo? Vor einiger Zeit ... Es ist noch nicht lange her, da ...	
Hauptteil Was passiert? Wie geht es weiter? Dann eines Tages ... Endlich war der Tag gekommen ... Nun war es so weit ...	
Schluss Wie endet die Geschichte? So beschlossen wir ... Schließlich ... Und so ...	

3 Schreibe deine Geschichte auf.

· eigene Ideen für Überschrift und Inhalt sammeln und formulieren
· nach Anregung Fantasiegeschichte planen

SB: Seite 122

Eine spannende Geschichte schreiben

1 Markiere in dem Ausschnitt aus Leos Zeitreisegeschichte, wo Leo Adjektive und wörtliche Rede verwendet und wo er den Leser direkt anspricht.

Im Jahr 1950

Nach einer Stunde bekam ich riesigen Hunger. Leider hatte ich vergessen, Proviant einzustecken. Ich sah mich auf der leeren Straße um. In der Ferne knatterte ein Motorrad. Da entdeckte ich an der nächsten Kreuzung etwas, das wie ein kleiner Laden aussah. Ich rannte hin.

Als ich den Laden gerade betreten wollte, kam eine junge Frau mit einer großen Kanne und einer schweren Tasche aus der Tür.

„Vorsicht Junge!", sagte sie „Fast hättest du mich umgerannt!"

Irgendwie kam mir diese Frau bekannt vor. „Kann ich Ihnen helfen?", fragte ich.

Die Frau bedankte sich. Sie sagte: „Nimm du die Kanne, aber pass auf, dass du die Milch nicht verschüttest!"

Das war ja seltsam. Die Milch wurde in dem Laden also in Kannen gefüllt.

Ich folgte der Frau zu einem kleinen Haus.

Das Gefühl, all dieses zu kennen, wurde immer stärker.

Die Erinnerung an ein altes Foto blitzte in mir auf.

Als die Frau den Schlüssel in das Schloss steckte, blickte ich auf das Namensschild.

Wie ein Stromschlag durchzuckte es mich vom Kopf bis zu den Zehen.

Ahnt ihr, welcher Name auf dem Schild zu lesen war? …

2 Welche Stellen in Leos Geschichte gefallen dir besonders gut? Unterstreiche sie mit Bleistift.

3 Schreibe den Schluss zu Leos Geschichte.

Zeitformen kennen: Vergangenheitsformen

Verben können in verschiedenen Vergangenheitsformen stehen.
Beim Schreiben verwendet man häufig die **einfache Vergangenheit (Präteritum)**:
sie ging, er spielte.
Beim Sprechen verwendet man häufig die **zusammengesetzte Vergangenheit (Perfekt)**:
sie ist gegangen, er hat gespielt.

1 Schreibe die fehlenden Wörter in die Tabelle.

Grundform	zusammengesetzte Vergangenheit	einfache Vergangenheit
leben	sie hat gelebt	
		er lief
	ich habe gelacht	
		wir flogen

2 Setze die Verben in der zusammengesetzten Vergangenheit ein.

Damals ______ wir viel
auf der Straße ______. (spielen)
In der Schule ______ wir
kein Englisch ______. (lernen)
Wir ______ im Fluss hinter
unserem Garten ______. (schwimmen)
Zur Schule ______ wir zu Fuß ______. (laufen)
Milch ______ wir im Laden
in eine Kanne ______. (füllen)

- sprachliche Begriffe kennen und verwenden
- Zeitformen bei Verben unterscheiden und nutzen: Präteritum und Perfekt

SB: Seite 124 – 126

Nomen nach Oberbegriffen ordnen

1 Markiere die Nomen im Bild passend zu den Oberbegriffen:

Tiere | Personen | Fahrzeuge | Möbel

2 Schreibe Unterbegriffe zu dem Oberbegriff **Berufe** auf.

Berufe: Bäcker, ______________________________

____

____

____

Merkwörter mit i richtig schreiben M

In manchen Wörtern spreche ich das **i** lang, schreibe aber nur **i**. Diese Wörter muss ich mir merken.

1 Schreibe die Wörter auf.

2 Setze -ine oder -in ein.

das Benz_in_	die Ros____	der Term____	die Vitam____
der Harlek____	die Gard____	die Viol____	der Kam____
die Masch____	der Pingu____	die Nektar____	die Mediz____

3 Setze wir, dir oder mir ein.

Gefällt _____ der Film, Alma?

Ja, er gefällt _____ sehr gut.

Wollen _____ zusammen Hausaufgaben machen?

Ok, bei _____ oder bei _____?

_____ geht es heute nicht so gut.

Sollen _____ lieber nach Hause gehen?

Mit Strategien Fehler finden

1 Welche Strategien helfen, diese Wörter richtig zu schreiben?
Trage ein.

sitzen – baden – Eimer

Zeit – Fabrik – Kreide

träumen – Feuer – stärker

sagt – Wandschrank – lieb

Handy – Mixer – Tiger

Sonne – Puppe – Welle

fahren – fährt – Fahrrad

2 Welche Strategien können dir helfen,
das Problem zu lösen?
Zeichne und erkläre.

3 Streiche die zwei falschen Wörter in jedem Satz durch.
Schreibe die Sätze richtig auf.

Der Verkeufer schließt die Ladentür mit einem lauten knall.

Karl zeikte mir am nächsten Tag ein altes Fabrikgebeude.

Merkwörter mit i (M)

1 Schreibe die Übungswörter richtig auf.

REBIB RIW VITKETED LEGI EINIL KISUM
EDIMARYP REGIT EEDI ENIHCSAM OIDAR

Merkwörter mit i
der Biber
der Detektiv
die Idee
der Igel
die Linie
die Maschine
mir
die Musik
die Pyramide
das Radio
der Tiger
wir

2 Lies immer einen Satz. Decke ihn ab. Schreibe den Satz auf. Kontrolliere, ob du richtig geschrieben hast.

Die Zeitmaschine landete auf der Pyramide.

Meine Idee kam mir nicht mehr so gut vor.

Wie Detektive untersuchten wir alles.

Plötzlich hörten wir ein Radio.

3 Setze diese kleinen Wörter in den Text ein: vielen ihre oft als wenig

Vor ______ Jahren lebten die Menschen anders ______ heute. ______ spielten die Kinder draußen. Sie hatten nur ______ Spielzeug und dachten sich ______ Spiele meistens selbst aus.

- Arbeitstechniken nutzen
- methodisch sinnvoll abschreiben
- Wörter des Grundwortschatzes schreiben

SB: Seite 131

Eine spannende Geschichte schreiben

1 Wähle eine Aufgabe aus.

a Markiere in Eimos Text, wo Eimo Adjektive und wörtliche Rede verwendet und wo er den Leser direkt anspricht.

Als ich aus der Zeitmaschine stieg, blickte ich in zwei runde Glitzeraugen.
Ihr glaubt nicht, was da vor mir schwebte! Es war ein echter Roboter.
Sein eckiger Körper beugte sich vor und die langen Antennen zuckten.
„Was bist du denn?“, fragte er.

b Markiere in Azras Text, wo Azra Adjektive und wörtliche Rede verwendet und wo sie den Leser direkt anspricht.

Als ich aus meiner Zeitmaschine stieg, stand ich mitten in einer finsteren Höhle. Die Wände waren kalt und feucht. An einer Stelle entdeckte ich seltsame Zeichnungen. Plötzlich hörte ich ein leises Geräusch. Ich drehte mich um. Was meint ihr wohl, wer da hinter mir stand? Es waren drei mit dicken Fellen bekleidete Kinder. Eines von ihnen zeigte auf mich und rief: „Ugra ha danu!“

c Schreibe die Geschichte spannend weiter und finde eine passende Überschrift.

Vor einiger Zeit fasste ich den Plan, eine Zeitmaschine zu bauen. Viele Tage verbrachte ich in meinem Bastelkeller und nie wollte es gelingen.
Aber dann war es endlich soweit. Meine erste funktionierende Zeitmaschine stand vor mir. Ich stieg ein und ...

Ich weiß, was Geschichten spannend macht.

Mit Strategien Fehler finden

1 Wähle eine Aufgabe aus.

a Welche Strategien haben die Kinder verwendet? Trage ein.
Ein Zeichen bleibt übrig.

Schläuche kommt von **Schlauch**, also **äu**. ◯

gibt kann man verlängern, indem man die Grundform bildet: **geben**, also **b**. ◯

b Welche Strategien helfen, diese Wörter richtig zu schreiben?
Trage die passenden Zeichen ein. Schreibe das Wort richtig auf.

Wie wird es geschrieben?	Zeichen	So ist es richtig!
trägt / tregt	◯	
Benzien / Benzin	◯	
ferreisen / verreisen	◯	

c Sechs Wörter sind falsch. Markiere sie und schreibe das passende Strategiezeichen darüber. Schreibe den Text richtig auf.

... Ich landete mit meiner Zeitmaschiene auf einem hohen Berk.
Als ich ausstieg, blickte ich auf eine kunterbunte Lantschaft.
Treumte ich etwa? War ich wirklich in die richtige zeit gereist oder vielleicht auf einen anderen Planeten? Vorsichtig setzte ich einen Fus auf den Boden.

Ich kann Rechtschreibstrategien anwenden. ☺ 😐

- Rechtschreibstrategien selbstständig anwenden
- Fehlersensibilität entwickeln
- eigenen Lernerfolg reflektieren

1 Wie wird dein Text spannender? Kreuze an.

- ☐ Ich verwende an passenden Stellen Adjektive.
- ☐ Ich schreibe den Hauptteil besonders kurz.
- ☐ Ich verwende auch mal wörtliche Rede.
- ☐ Ich spreche die Leserin/den Leser an einer passenden Stelle direkt an.
- ☐ Ich schreibe nicht, wie die Personen heißen.

Rückmeldung: ______________________

2 Schreibe die Sätze in der zusammengesetzten Vergangenheit.

Ich reiste in das Jahr 1950.

____

Dort spielte ich mit anderen Kindern auf der Straße.

____

____

Rückmeldung: ______________________

3 Welche Strategien helfen, diese Wörter richtig zu schreiben?
Trage die passenden Zeichen ein. Schreibe das Wort richtig auf.

Wie wird es geschrieben?	Zeichen	So ist es richtig!
Lantkarte / Landkarte	◯	______
Ruiene / Ruine	◯	______
Unglück / unglück	◯	______

Rückmeldung: ______________________

Kompetenzübersicht

Themen-kapitel	Schreiben: Texte verfassen	Schreiben: Richtig schreiben	Sprache untersuchen
Miteinander lernen S. 6–15	funktionsgerecht schreiben; Textmuster anwenden **6**	grammatisches Wissen für Großschreibung nutzen: Nomen mit den Wortbausteinen -ung, -heit, -keit **10, 14**; Großschreibung am Satzanfang beachten; Zeichensetzung am Satzende beachten **11**; Arbeitstechniken nutzen: methodisch sinnvoll abschreiben; Wörter des Grundwortschatzes schreiben **12**; Lernerfolg reflektieren **14**; Lernerfolg überprüfen **15**	Grundlegende Begriffe kennen: Nomen; Konkreta und Abstrakta kennenlernen; Nomen großschreiben **7**; grundlegende Begriffe kennen: bestimmter und unbestimmter Artikel **8**; grundlegende Begriffe kennen: Adjektive, Grundstufe, Vergleichsstufen; Vergleichsstufen verwenden **9, 13**; Lernerfolg reflektieren **13**; Lernerfolg überprüfen **15**
Im Wald unterwegs S. 16–25	Textmuster Stichpunktkarte kennen; Informationen zu Oberbegriffen aus Texten sammeln und zusammenführen **16**	Rechtschreibstrategien anwenden: Silben schwingen, Selbstlautlänge prüfen (Konsonantenfolge, Doppelkonsonanz, tz) **20, 24**; Rechtschreibstrategien anwenden: Merkwörter mit chs **21**; Arbeitstechniken nutzen: methodisch sinnvoll abschreiben; Wörter des Grundwortschatzes schreiben **22**; Lernerfolg reflektieren **24**; Lernerfolg überprüfen **25**	Fachbegriffe kennen: Pronomen; sprachliche Operatoren kennen: ersetzen **17**; grundlegende Begriffe kennen: Verben, Grund-/Personalform, (Geschehensverben) **18**; Wortstammänderung erkennen; Personalformen (regelmäßige, unregelmäßige) kennen und verwenden **19, 23**; Lernerfolg reflektieren **23**; Lernerfolg überprüfen **25**
Fahren und fliegen S. 26–35	Texte planen: Kriterien von Einleitung, Hauptteil und Schluss kennen und nutzen **26**; Texte überprüfen; Überarbeitung umsetzen **27**	Rechtschreibstrategie anwenden: Verben verlängern **30, 34**; Rechtschreibstrategie anwenden: Nomen und Adjektive verlängern **31, 34**; Arbeitstechniken nutzen: methodisch sinnvoll abschreiben; Wörter des Grundwortschatzes schreiben **32**; Lernerfolg reflektieren **34**; Lernerfolg überprüfen **35**	grundlegende Begriffe kennen: Verben in verschiednen Zeitformen; Präsens und Präteritum kennen und bilden **28, 33**; Präsens und Präteritum bei unregelmäßigen Verben (Wortstammänderung erkennen) **29, 33**; Rechtschreibhilfe nutzen (nachschlagen) **29**; Lernerfolg reflektieren **33**; Lernerfolg überprüfen **35**
Es war einmal … S. 36–45	Planungsmethoden kennen, Schreibideen entwerfen; Planungsmethode *roter Faden* nutzen **36, 43**; eigenen Lernerfolg reflektieren **43**	sprachliche Begriffe kennen und verwenden: Redbegleitsatz und wörtliche Rede; Zeichensetzung beachten **40**; Rechtschreibstrategie anwenden: ableiten **41, 44**; Arbeitstechniken nutzen: methodisch sinnvoll abschreiben; Wörter des Grundwortschatzes schreiben **42**; eigenen Lernerfolg reflektieren **44**; eigenen Lernerfolg überprüfen **45**	bildhafte Ausdrücke kennen und verstehen (Redenarten); über Verstehensprobleme sprechen **37**; sprachliche Operatoren kennen: umstellen; mit Sprache experimentell umgehen **38**; Satzarten unterscheiden; Satzschlusszeichen verwenden **39**; eigenen Lernerfolg überprüfen **45**
In der Medienwelt S. 46–55	Verwendungszwecke digitaler Medien kennen: E-Mail; Aufbau einer E-Mail kennenlernen **46**; adressaten- und funktionsgerecht schreiben; Texte überprüfen, überarbeiten **47**	Rechtschreibstrategie anwenden: Nomenprobe **49, 50, 54**; Rechtschreibstrategie anwenden: Silben schwingen, Vokallänge bei Wörtern mit ck prüfen **51**; Arbeitstechniken nutzen: methodisch sinnvoll abschreiben; Wörter des Grundwortschatzes schreiben **52**; eigenen Lernerfolg reflektieren **54**; eigenen Lernerfolg überprüfen **55**	Möglichkeiten der Wortbildung kennen und anwenden: Komposita; Komposita bilden **48, 53**; eigenen Lernerfolg reflektieren **53**; eigenen Lernerfolg überprüfen **55**
Gesund und fit S. 56–65	Texte planen: Schreibziel klären **56, 63**; instruierend schreiben: Anleitung; Text kriteriengeleitet überprüfen **57**; eigenen Lernerfolg reflektieren **63**	Rechtschreibstrategie anwenden: verlängern bei Wörtern mit s und ß im Auslaut **59, 60**; Rechtschreibstrategie anwenden: schwingen und Selbstlautlänge prüfen bei Wörtern mit ie **61**; Arbeitstechniken nutzen: methodisch sinnvoll abschreiben; Wörter des Grundwortschatzes schreiben **62**; eigenen Lernerfolg überprüfen **65**	Wortfelder kennenlernen und nutzen **58, 64**; eigenen Lernerfolg reflektieren **64**; eigenen Lernerfolg überprüfen **65**
Gemeinsam leben S. 66–75		Rechtschreibstrategie anwenden: Merkwörter mit h **70, 74**; Rechtschreibstrategie anwenden: Wortbausteine **71**; Arbeitstechniken nutzen: methodisch sinnvoll abschreiben; Wörter des Grundwortschatzes schreiben **72**; eigenen Lernerfolg reflektieren **74**; eigenen Lernerfolg überprüfen **75**	mit Sprache experimentell und spielerisch umgehen **66, 67**; Möglichkeiten der Wortbildung kennen: Wortbausteine bei Verben, Trennbarkeit und Nichttrennbarkeit kennen **68, 73**; Bedeutung häufiger Abkürzungen kennen und verwenden **69**; eigenen Lernerfolg reflektieren **73**; eigenen Lernerfolg überprüfen **75**
Roboter und Co. S. 76–85	Planungsmethoden kennen und verwenden: Mindmap **76**; Text an Schreibaufgabe überprüfen; Text ziel- und kriteriengerecht schreiben **77**	rechtschreiblich wichtige Wörter mit r kennen, üben, richtig schreiben **80**; Rechtschreibstrategien anwenden: Silben schwingen und verlängern bei Wörtern mit silbeninitialem h **81, 84**; Arbeitstechniken nutzen: methodisch sinnvoll abschreiben; Wörter des Grundwortschatzes schreiben **82**; eigenen Lernerfolg reflektieren **84**; eigenen Lernerfolg überprüfen **85**	sprachliche Begriffe kennen und verwenden: Subjekt bestimmen **78, 83**; sprachliche Operatoren nutzen: umstellen; sprachliche Begriffe kennen und verwenden: Prädikat bestimmen **79, 83**; eigenen Lernerfolg reflektieren **83**; eigenen Lernerfolg überprüfen **85**
Vor vielen Jahren S. 86–95	eigene Ideen für Überschrift und Inhalt sammeln und formulieren; nach Anregung Fantasiegeschichte schreiben **86**; Spannungsmelder kennen; Text kriteriengeleitet planen, aufbauen, schreiben **87, 93**; eigenen Lernerfolg reflektieren **93**	Rechtschreibstrategie anwenden: Merkwörter mit i **90**; Rechtschreibstrategien selbstständig anwenden; Fehlersensibilität entwickeln **91**; Arbeitstechniken nutzen: methodisch sinnvoll abschreiben; Wörter des Grundwortschatzes schreiben **92**; eigenen Lernerfolg reflektieren **94**; eigenen Lernerfolg überprüfen **95**	sprachliche Begriffe kennen und verwenden; Zeitformen bei Verben unterscheiden und nutzen: Präteritum und Perfekt **88**; Wörter nach semantischen Kriterien sortieren: Oberbegriffe **89**; eigenen Lernerfolg überprüfen **95**